www.ingramcontent.com/pod-product-compliance
Lightning Source LLC
LaVergne TN
LVHW010509200726
843506LV00013B/2562

پر کھلے تو

(غزلیں)

شمیم عبّاس

قلم پبلی کیشنز، ممبئی

نام کتاب : پر کھلے تو
اشاعت اول : ستمبر ۲۰۱۳ء
تعداد : ۵۰۰
سرورق : انور مرزا
ناشر : قلم پبلی کیشنز ممبئی

شاعر سے رابطے کا پتہ :

102/ B 6, RAJESHWARI Housing Society,
Sector 10, Shanti Nagar, Meera Road (E) MUMBAI - 401 107.
Mob:9029492884

PAR KHULE TOE (Urdu Ghazlen)
Poetries by **Shamim Abbas**
ISBN -978-81-924661-5-6

QALAM PUBLICATIONS
Mumbai.

علی .... توبہ توبہ، ایسی باقاعدگی!

الیاس .... اللہ! اللہ! اتنی بے قاعدگی!

یار! تم لوگ کب سدھرو گے ؟ ؟ ؟

اپنے یاروں غاروں

علی امام نقوی

اور

الیاس شوقی

کے نام

از صد سخن پیرم، یک حرف مرا یاد ست

ویراں نہ شود دنیا ، تا میکدہ آباد ست

کاش یوں لفظوں میں ڈھل پاؤں، میں خود بے اوقات لگوں
دن لکّھوں تو دن سا لگوں، گر رات لکھوں تو رات لگوں

شمیم عبّاس

اپنی زندگی

ماشا ، ماشو ، ماشی
فاطیم ، فاٹو ، فاٹی
جان ، جانو ، جانی

یعنی

پندرھویں

معصوم

کے لیے

خوب صورت ، خوب رؤ ، نیارا ، بڑا پیارا سا وہ
چھوٹی سی دنیا مری ، اُس میں بہت سارا سا وہ

پیش لفظ

جو سچ کہو تو بہت کچھ کہا ہے کہنے کو
پہ حق یہی ہے، کبھی حق ادا نہ کر پائے

شمیم عبّاس

یہ رہی دنیا کہ اب پسپا ہے مسمار ہے جو
بس بدن بچتا ہے اک بیچ میں دیوار ہے جو

اب سروکار مجھے اور سے کیوں ہو سرکار
اونچی سرکار وہی ہے تری سرکار ہے جو

جو جہاں جتنا ہے ، ہے اپنی حدوں میں محدود
اور اک تُو ہے کہ سارے میں ہے بسیار ہے جو

یہ طرح داریاں نیرنگیاں توبہ توبہ
ہے بھلا اور کوئی تجھ سا طرح دار ہے جو

چھوتا چھوتا سا دل و جاں کو اچھوتا انداز
ایسی گفتار کہاں ہے تری گفتار ہے جو

ہانپتی کانپتی ناکام پلٹ آتی ہے
فکر کے بس کی کہاں ہے تری رفتار ہے جو

ورغلاتا چلا آتا ہے مرے دل کو دماغ
تیز طرّار منافق بڑا مکّار ہے جو

نحیف سی صدا سہی اثر ہوا
فصیلِ خامشی میں ایک در ہوا

یہاں وہاں ہیں اکا دکا سر پھرے
انہیں کے دم سے کچھ ادھر ادھر ہوا

جو مبتلائے پیش و پس تھا وہ تم
مرے یہاں کہاں اگر مگر ہوا

اک اور رات جیسے تیسے کاٹ دی
چلو اک اور معرکہ تو سر ہوا

بقا کی جنگ تھی اسے مٹا دیا
تو کیا ہوا جو میں تتر بتر ہوا

کہیں تو نام لیوا اس کا کوئی ہو
ہمارا تذکرہ زمانے بھر ہوا

وبالِ جاں بدن پہ سر تھا سر بسر
قلم ہوا بلند سر بسر بسر ہوا

کہیں کسی جنوں کا جو اسیر ہو کے رہ گیا
لکیر کا فقیر پھر نظیر ہو کے رہ گیا

ہزار رنگ ڈھنگ طرز طور زاویے شعار
میں ایک تھا بس ایک پر کثیر ہو کے رہ گیا

ہے موت کی وہ موت میرے بعد میری زندگی
گر ایک شعر ہی مرا سفیر ہو کے رہ گیا

میں اب ہوں میں نہیں میں تو اب ہے تو نہیں نہیں
میں تیرا اور تو مرا خمیر ہو کے رہ گیا

جو چپ تھا تو قریب تر رفیق تر عزیز تر
زباں ذرا ہلی کہ بس میں تیر ہو کے رہ گیا

میں خود کو کوکل کا گل انڈیلتا تھا تجھ میں جس گھڑی
دو ایک لمحے کو جہان گیر ہو کے رہ گیا

ضرورتوں نے مصلحت کے سارے گر سجھا دیے
ضمیر بھی تو مافی الضمیر ہو کے رہ گیا

زیاں گر کچھ ہوا تو اتنا جتنا سود ہوتا ہے
یہی جو ہست ہے اس پل یہی تو بود ہوتا ہے

تری موجودگی محدود کرتی ہے تجھے تجھ تک
تو ناموجود ہونے ہی پہ لامحدود ہوتا ہے

جسے دیکھو بہ زعمِ خود ہے ٹھیکے دار جنت کا
کہیں اک آدھ ہی مجھ سا کوئی مردود ہوتا ہے

سبھی گپ چپ تکا کرنا بہِت بے حس بنا رہنا
خدا تجھ ہی سا کیا سچ مچ مرے معبود ہوتا ہے

وہ پیاسا ترسا برسوں کا تھا اور میں روبرو اس کے
بس اک چنگاری ہو تو پھر کہاں بارود ہوتا ہے

تو پل بھر میں ندارد گم سبھی دنیا جہاں عالم
میں اس سے اور وہ مجھ سے جب بدن آلود ہوتا ہے

بس ایک بار فقط ایک بار کم سے کم
سوا مرا ہو ، ترا اختیار کم سے کم

ہر ایک رنگ تجھے ڈھانپ دوں گا سر تا پا
تری ہر ایک کا بدلہ ہزار کم سے کم

نہ ساتھ ساتھ سہی اتنی دور بھی تو نہ جا
اجاڑ مت مرے قرب و جوار کم سے کم

ہے اتفاق کہ انسان نکلے دونوں ہی
حضورِ والا بہت خاکسار کم سے کم

یوں اپنی ساکھ بچائی کیا اسے عریاں
کہ اپنا شیوہ نہیں تو تکار کم سے کم

سبھی ہیں رام بھروسے خدا کی بستی میں
کوئی تو خود پہ کرے انحصار کم سے کم

شکست پر کوئی نوحہ نہ فتح پر نعرہ
نہ زندگی سے ہو اتنا فرار کم سے کم

یہ کہو یہ نہ کہو ایسے کہو ایسے نہیں
سن اے نقّاد تری گود کے ہم پالے نہیں

ہم چھڑے چھانٹ یک و تنہا ادب کا میداں
کوئی ہم زلف نہیں اور سسر سالے نہیں

مومن و کافر و مشرک نہ تو مرتد ملحد
اپنے ڈانڈے تو کسی سے بھی کہیں ملتے نہیں

روکھی پھیکی سی کبھی چٹنی کہیں سادی سی دال
اپنی غزلوں کے مقدر میں سِری پائے نہیں

بڑی ناسمجھی ہے ہر شے کا سمجھ لینا بھی
ذہن افکار سے عاری ہے اگر جالے نہیں

تف ہے ان آنکھوں پہ جو خود میں الجھ کر رہ جائیں
وہ نگہ کیا جو یہاں تاکے وہاں جھانکے نہیں

بے نیازانہ جیے جاتے ہیں اپنی دھن میں
بانکپن کھو نہ کہیں جائے نہیں ہائے نہیں

اب تک جو بقایا ہے ادا کر دو سبھی اب   اچھا ہے یہی اب

وہ باتیں ملاقاتیں کئی راتیں مری اب   سب آج ابھی اب

سُر میں ترے سُر اپنا کوئی کا ہے ملائے   جو کھائے وہ گائے

چلتی جو چلی آئی نہ چلنے کی تری اب   ہے باری مری اب

چاہا نہ ملا جو نہیں چاہا ملا اکثر   ہیرا ہو کہ پتھر

ہر مال نرا کھوٹا کھری دھوکا دھڑی اب   ہے کس کو پڑی اب

ان ہونی پہ جب روئیں تو ڈپٹے کبھی ڈانٹے اور فلسفہ چھانٹے

آوازیں سبھی خوف زدہ سہمی ڈری اب اب گاج گری اب

دم سادھے زباں باندھے کبھی سر نہ اٹھائیں جھکتے چلے جائیں

ناکارہ ہوئی پوچ سی یہ سوچ تری اب چل سوچ نئی اب

سچ مجھ سے سنو سچ کی تمھیں جتنی بھنک ہے آٹے میں نمک ہے

منہ کھلتے ہی کھل جائے گی ساری قلعی اب حد ہو بھی چکی اب

کیا کچھ ہوں بھلی بھانتی مجھے جانتے سب ہیں پر مانتے کب ہیں

لو چمکا دمک اٹھا جونہی گرد چھٹی اب آنکھیں ہیں پھٹی اب

میں آؤں گا چھا جاؤں گا رستے میں کہیں ہوں میں حق ہوں یقیں ہوں

سکھ جھیلیں گی آنکھیں سبھی برسوں کی جگی اب اور دل کی لگی اب

اہم آنکھیں ہیں یا منظر کھلے تو
ابھی ہیں بند کتنے در ، کھلے تو

تو پھر کیا حال ہو بس کچھ نہ پوچھو
جو بھیتر ہے وہی باہر کھلے تو

خیال و لفظ ہیں دست و گریباں
ہے کم تر کون ہے برتر کھلے تو

سب اپنی کرنی میرے متّھے منڈھ دی
مصر تھا خیر خود کہ شر کھلے تو

دکھائی دے گا کچھ کا کچھ سبھی کچھ
مگر منظر کا پس منظر کھلے تو

کڑی ہم ہیں اسی اک سلسلے کی
سمندر امڈے گر گاگر کھلے تو

ندارد وسعتیں سب رفعتیں پھر
پروں میں آسماں ہیں پر کھلے تو

مزے کی نیند اک لمبی سی جھپکی
بدن تیرا ، مرا بستر کھلے تو

دیکھا دیکھا جو کہا تھا ہوا آخر دیکھا
نظریں پھیریں بھی تو ہر پھر کے وہی پھر دیکھا

کیا کریں پھینک دیں اب نوچ کے ان آنکھوں کو
وہی ان دیکھا ہے جس کو متواتر دیکھا

اصل دراصل کی اک کھوج ہے تھمتی ہی نہیں
دیکھو باطن تو یہی کھلتا ہے ظاہر دیکھا

ہائے الفاظ بچارے بڑے بھولے بھالے
اور تخیل کو چھلاوا بڑا شاطر دیکھا

ایک ابلیس کہ ثابت قدم و صادق ہے
ہم نے دیں دار ہی کو فاسق و فاجر دیکھا

منکروں میں کئی دیں دار سے دکھلائی دیے
اور دیں داروں میں بہتیروں کو منکر دیکھا

ہر کسی دل میں سجی ایک نہ اک مورت تھی
میں نے والله ہر اک سینے میں مندر دیکھا

لمبی چوڑی سی ہے فہرست میرے خوابوں کی
سب جہاں کے لیے اک اپنی بھی خاطر دیکھا

کہیں جو رتی بھر آس ہوتی، خموشی کیوں اختیار کرتے
وہ کان دھرتا تو غُل مچاتے تمام چیخ و پکار کرتے

اسی بہانے تو بچ رہے ہم اسی بہانے تو رہ گئے ہم
نہ ہوتے کچھ بھی، ذرا ڈری کچھ کہیں جو خود کو شمار کرتے

کہا تھا اُس نے جو کر دکھاتا، جو حق ہے آنے کا ویسے آتا
تو چپّے چپّے کو جسم و جاں کے بہار سا ہم بہار کرتے

ہمارا مقروض وہ کبھی تھا، ہمارا مقروض آج بھی ہے
دُکانداری ہمیں جو آتی تو کاہے سودا اُدھار کرتے

نہ مانو گے یوں، چلو کسی دن مری جگہ خود کو رکھ کے دیکھو
یہ بدحواسی، یہ بدحواسی حواس پر کیا سوار کرتے

ملا بھی تھک ہار کر کوئی تو بس ایک ہم ہی ملے ہیں ہم کو
نظیر کوئی جو نظر جو آتی تو خود کو کیوں اختیار کرتے

حصار اپنے ہی گرد ایسا خود اپنی ہی ذات کا پڑا تھا
مرا کیے بس اسی للک میں کبھی تو خود کو بھی پار کرتے

شرف بھی ضبط کا حاصل گُل اختیار کے ساتھ
وہ فتح یاب ہے پر کتنے انکسار کے ساتھ

یہ لاؤ لشکر و تیر و تبر یہ کرّ و فر !
تو ضرب میری تبسم ہے اختصار کے ساتھ

بہ زعمِ خود وہ مُصر ہیں، ہیں میرے حلقہ بگوش
لو دیکھو راکھ بھی اڑنے لگی شرار کے ساتھ

نہ گھر کے کام نہ تو گھاٹ ہی کے کاج کا وہ
جتایا کرتا ہے نسبت پہ شہر یار کے ساتھ

کبھی نہ نکلی کہیں بیٹھی طبع آوارہ
تھا فاحشہ کو بھی ہو کا رہے وقار کے ساتھ

رویہ شیوہ و تیرہ یہی سدا کا رہا
مرے کو مارا کیے تم میاں مدار کے ساتھ

وجود میرا سند ہے تمہارے ہونے کی
عجب سلوک مگر میری یادگار کے ساتھ

ہمارے حال پہ غالب رہے گا مستقبل
کہ ربطِ خاص ہمارا ہے انتظار کے ساتھ

تو صاحب یوں ہوا چاہا ہوا تو ہو نہیں پایا
اور اس پر یہ کہ میں کھل کر ابھی تک رو نہیں پایا

وہ میرے روبرو تھا روبرو اور روبرو ہے بھی
اسے جب بھی کبھی پایا کبھی خود کو نہیں پایا

خسارا اس قدر ہے فائدہ گر ہے تو کتنا ہے
جو پایا سو تو پایا ہی پہ وہ جو نہیں پایا

ہنسیں روئیں کہو بغلیں بجائیں اپنا سر پیٹیں
جسے ہم کھو چکے کب کا ابھی تک کھو نہیں پایا

وہ ہم میں ہے مگر ہم میں سے ہے ایسا نہیں ہرگز
کہا تھا پا نہ پاؤ گے اسے دیکھو نہیں پایا

تخیل ، فکر کے چکر بکھیڑے لفظ و معنی کے
جو سمجھو تو بہت پایا نہیں سمجھو نہیں پایا

سُن سُنا کر کچھ کبھی کچھ لکھ لکھا کر
رو رُلا کر رہ گئے یا ہنس ہنسا کر

اور کس پتھر سے سر پھوڑوں بھلا میں
اک تو ہی باقی بچا ہے بچ بچا کر

لپکوں دوڑوں جب تلک درکھولوں کھولوں
وہ کہاں ٹکتا ہے کنڈی کھٹکھٹا کر

اک پچھلتی سی نگہہ چھولیتی ہم کو
رہ گئے ہم رہ گئے ہم پھڑ پھڑا کر

خود کو بھی اپنی بھنک لگنے نہیں دی
میں ملا خود سے کبھی تو چھپ چھپا کر

ہوں بسائے اک وہی بستی کہ جس میں
مٹی مٹی ہو چکا سب مٹ مٹا کر

ایک ڈھب پر کب بھلا رہ پایا سب کچھ
کھل اُٹھے گا سب ہی کچھ پھر کھل کھلا کر

تجھ کو تیری ہی قسم کیا میں غلط ہوں بتلا
تو مرا کھیت ہے کیوں جوتوں نہ سینچوں بتلا

ابن آدم ہوں تو ہے سنتِ آدم شیوہ
ترک کس جی سے میں کر دوں بھلا گیہوں بتلا

تیرے مصرف کو بنا میں تو بنی میرے لیے
رب کا چاہا ہوا کیوں کر نہ میں چاہوں بتلا

جاگتا جیتا بدن نعمتِ یزداں ہی تو ہے
نعمتوں سے میں نظر پھیروں چراؤں بتلا

تو ازل سے ہے مداوا مری تنہائی کا
کیوں ابد تک نہ ترا راگ الاپوں بتلا

تیرے رنگوں سے ہے رنگین وجودِ ہستی
جز ترے اور میں کس رنگ نہاؤں بتلا

شکرِ رب گھٹنوں کے بل ہو کے بجا لاؤں نہ کیوں
اپنی جنت جو ترے جسم میں پاؤں بتلا

جیتے جی تج دیں مگر اتنا جگر ہے کب بھلا
بیسوا ، حرآفہ ، دنیا سے مفر ہے کب بھلا

وہ 'اگر' گر ہوتا تو ہوتا سبھی کچھ ، کچھ کا کچھ
جس 'اگر' پر ہے ٹکا سب کچھ مگر ہے کب بھلا

سینتا رکّھا تو بہت پر پھنک پھنکا جاتا رہا
جز کو گل کرنا تو ہے لیکن ہنر ہے کب بھلا

چھوٹے، ڈھل مِل، تولہ ماشہ، پل میں کچھ تو پل میں کچھ
سربلندی کی ہوس سب ہی کو سر ہے کب بھلا

اک ذرا میں سب کے سب ہی بجھنے کو تیار ہیں
پونچھ اٹھاؤ جس کی مادہ مادہ نر ہے کب بھلا

بہتوں کو اب بھی ہے بہتیروں پہ کچھ کچھ اعتبار
ہاں مگر یہ اعتبارِ معتبر ہے کب بھلا

گر سند کے ساتھ ثابت ہو سکا تو بس یہی
ہم وہ بے خبرے جنھیں اپنی خبر ہے کب بھلا

جیب میں کچھ شعبدے رکھ لو میاں اب سے سہی
بے نیازی انکساری کارگر ہے کب بھلا

کہیں کھپائے بنا تم اپنے کو چین سے مر سکو گے کیا
چلو جو خود کو بچا بھی لو تو بچے ہوئے کا کرو گے کیا

یہ چھت چھپریا یہ ٹین ٹپّر یونہی دھرا کا دھرا رہا
ذرا سی بدلی پہ باؤلا پن تو بھیگنے سے بچو گے کیا

کبھی تو دم بھر کو چپ رہو اور لگام اپنی زباں کو دو
ہمیشہ اپنی ہی جب کہو گے تو پھر کسی کی سنو گے کیا

جو تب تھے تب تھے پر آج کیا ہو جو آج ہو کل رہو گے بھی
زمین پیروں تلے مسلسل کھسک رہی ہے ٹکو گے کیا

بکھان پرکھوں کا اور وظیفہ حسب نسب کا بہت ہوا
یزید موجود آج بھی ہے حسین بن کر ڈٹو گے کیا

کمینہ کم ظرف بے حیا لعنتی فریبی میں تھا میں ہوں
شریف زادو بتاؤ سچ سچ تم اپنا سچ یوں کہو گے کیا

شمیم عباس جس کو ہونا تھا جیسا ہونا تھا ہو چکا
اسی ڈگر پر چلے اگر تم تو تم بھلا تم رہو گے کیا

نرالا عجب نک چڑھا آدمی ہوں
جو تگ نی کہو بے تُکا آدمی ہوں

بڑے آدمی تو بڑے چین سے ہیں
مصیبت مری میں کھرا آدمی ہوں

سبھی ماشاء اللہ ، سبحان اللہ
ہو لاحول مجھ پر میں کیا آدمی ہوں

یہ بچنا بدکنا چھٹکنا مجھی سے
مری جان میں تو ترا آدمی ہوں

اگر سچ ہے سچائی ہوتی ہے عریاں
میں عریاں برہنہ کھلا آدمی ہوں

ٹٹولو پرکھ لو چلو آزما لو
خدا کی قسم با خدا آدمی ہوں

بھرم کا بھرم لاج کی لاج رکھ لی
تھا سب کو یہی وسوسہ آدمی ہوں

کبھی بھنور تھی جو اک یاد اب سنامی ہے
مگر یہ کیا کہ مجھے اب بھی تشنہ کامی ہے

میں اس پہ جان چھڑکتا ہوں باخدا پھر بھی
کہیں ہے کچھ مرے بھیتر جو انتقامی ہے

مگر جو وہ ہے وہی ہے بھلا کہاں کوئی اور
ہزار عیب سہی مانا لاکھ خامی ہے

جو جی میں آیا وہی من و عن ہے کاغذ پر
نہ سوچا سمجھا سا کچھ اور نہ اہتمامی ہے

کسی کے رنگ رنگا میں نہ میرے رنگ کوئی
یہ ابتدائی نیا ڈھب تو اختتامی ہے

ملاحظہ ہو کہوں کیوں توجہ کیوں چاہوں
کلام کب ہے مرا شعر خود کلامی ہے

میں اپنی مونچھوں پہ دوں تاؤ بھی تو کس منہ سے
یہاں تو جو بھی ہے ، مجھ سے بڑا حرامی ہے

کیا خاک ہاتھ آئے بھلا اپنی خاک سے
ہم لا اُباؤلی ہیں بڑے انہماک سے

بے لاگ بے جھجھک سا میں بے باک بے دریغ
پھر کاہے کوئی مجھ سے ملے گا تپاک سے

دو اک ہیں جن کے دم سے مزا گفتگو کا ہے
ہر بات کا جواب ہے حاضر تڑاک سے

پھر یوں کہ اپنے خول میں میں بھی کہاں رہا
پانی کبھی جو ہونے لگا اونچا ناک سے

لفظ و خیال سے مری وابستگی تمام
جیسے کسی کمہار کی مٹی سے ، چاک سے

گھنٹی بجی اِدھر سے اُدھر سے ہلو ہوا
اپنا معاشقہ تھا پریشان ڈاک سے

کل تُو تھا میں تھا آج بھی تُو ، تُو ہے میں ہوں میں
سارے حسین خواب ہیں کیوں کرب ناک سے

لفظ و معنیٰ کے قرینے کہ بیاں کی تہذیب
مجھ سا اجہل بھلا کیا جانے زباں کی تہذیب

ہے مکاں اور کسی کا پَہ مکیں ہے کوئی اور
کچھ یونہی جسم کی میرے مری جاں کی تہذیب

اور ثابت بھلا کیا کرتی ہے جنت بدری
راس کب آئی بزرگوں کو جواں کی تہذیب

گیہوں کے ساتھ پسا کرتا ہے گھن کیا کیجے
تھی یہی ہے بھی یہی دنیا جہاں کی تہذیب

روئیں کس شانے پہ سر رکھ کے پکاریں کس کو
دبکا سہما سا یقیں حاوی گماں کی تہذیب

بخشو بی بلّی میاں چوہے لنڈورے ہی بھلے
ایں پہ لادو نہ خدارا کبھی آں کی تہذیب

مانو نہ مانو اس بازی میں دونوں ہی کی مات ہوئی
تم اب تک تم اور میں بھی میں یہ بھی کوئی بات ہوئی

تپتے توے پر چھن سے جیسے پانی کا چھینٹا ہوجائے
برسوں بعد جھلک اک تیری صحرا کی برسات ہوئی

یاد ہے خوب ترا ہلکے سے اک دن مجھ سے چھو جانا
سچ سچ بتلا تیرے بدن کی کیا اتنی ہی ذکات ہوئی

سب کچھ سب کے لیے وہی ہے جو ہے لیکن میرے لیے
دن ہی نکلا دن میں کسی دن اور نہ رات میں رات ہوئی

درجہ بہ درجہ درجہ بہ درجہ کیا سے کیا تیرے درجات
ہوتے ہوتے ہوتے ہوتے کیا میری اوقات ہوئی

گُھلے ملے لپٹے چمٹے گرجے برسے جیتے ہارے
لڑے بھڑے آنکھوں ہی آنکھوں اکثر دو دو ہاتھ ہوئی

آنکھوں کی بھی کوئی زباں ہے ہاں ہاں ہے
شور خموشی میں پنہاں ہے ہاں ہاں ہے

شور شرابہ سا جو میرے بھیتر ہے
یہ آفت اس کے بھی یہاں ہے ہاں ہاں ہے

مٹی مٹی اس بن سب مٹی مٹی
جاں ہے وہی ہر شے کی جاں ہے ہاں ہاں ہے

نمی سی میرے نام پہ ہے جو آنکھوں میں
اس میں کہیں کوئی انساں ہے ہاں ہاں ہے

قید اور ایسی قید رہائی ناممکن
اس کی یاد کوئی زنداں ہے ہاں ہاں ہے

مایوسی رے مایوسی او مایوسی
اک چہرا اب بھی خنداں ہے ہاں ہاں ہے

یاد کریں ہم تب جب اس کو بھولیں بھی
وہ تو جہاں ہوتا تھا وہاں ہے ہاں ہاں ہے

آخر ہوں اپنے ہی مقابل آخر کار
جیت یہاں بھی ہو امکاں ہے ہاں ہاں ہے

کہیں جو سوچ لے کوئی زباں نکل آئے
ہم اپنی جھونک میں دیکھو کہاں نکل آئے

پناہ مانگتے پھرتے ہیں فکر سے الفاظ
کسوں میں لفظوں کو اتنا کہ جاں نکل آئے

تمہیں تھا زعم بڑا تم جو ہو نہیں کوئی
تمہارے ایسے تو کتنے یہاں نکل آئے

جو ہے وہ جھوٹ ،نہیں ہے جو بس وہی سچ ہے
یقین سارے کے سارے گماں نکل آئے

قریب اور قریب اور اور قریب
کہ فاصلہ نہ کہیں درمیاں نکل آئے

ہماری جان تو عاجز تھی ایک ڈھونے میں
یہاں تو اور کئی آسماں نکل آئے

سنگ سوار ہوئی تو سنگ سوار ہوئی
نتیجہ سود رہے یا زیاں نکل آئے

مکیں بہتوں میں اور بہتوں کے مکاں بھی رہے
جہان بھر کے رہے ہم جہاں جہاں بھی رہے

ہیں ناگوار سے کچھ لوگ ناگزیر بھی ہیں
اکھڑتے لاکھ رہے زیبِ داستاں بھی رہے

تمہارے بعد بھی سائے میں نہ ہم بیٹھے
چپ ایسی سادھی یہی چپ بیاں فغاں بھی رہے

نہ ہونا اس کا ہے یوں اور اس کا ہونا ہے یوں
کہیں دکھائی نہ دے اور درمیاں بھی رہے

حیات و موت سے یکساں سلوک تھا اپنا
کہ راز فاش کیے اور رازداں بھی رہے

میں متھ کے سارا سمندر وہ قطرہ لے آیا
جو خود کنارا بھی ہو بحرِ بے کراں بھی رہے

عجیب رنگ میں کائی کہ دنگ ہے دنیا
تھے بے نیاز بھی اور صاحب زماں بھی رہے

ہے کارساز بڑا ہی اگر مگر میرا
اسی کے بوتے ٹکا ہے گزر بسر میرا

عذابِ جان ہے اُس کو مری خموشی بھی
وبالِ جاں بھی ہے کرنا پٹر پٹر میرا

تو میری ذات میں تحلیل ہو کے دیکھ بھی لے
اگر ہے دیکھنا منظور ہی غدر میرا

میں گھوم پھر کے یہیں لوٹنا نہ کیا کرتا
خیال سے مرے بہتر تھا کوئی گھر میرا

کہاں پہ جانا ہے جانے کہاں پہنچنا ہے
تمام سمتوں میں جاری ہے جو سفر میرا

ہزار عیب کی جڑ ایک عیب مجھ میں یہی
کھلا نہ کھل کے کبھی مجھ پہ خود ہنر میرا

میں اُس کی مانوں اُسے مانوں بدلوں اپنے کو
اور اِس سے کم پہ وہ راضی ہوا تو سر میرا

کہا نہ کرتا تھا یوں ہوگا اور ہوا بھی یونہی
کہ میرے بعد پھلا خوب ہی شجر میرا

دشمنی یاری کرے گا اسی ڈھب کی وہ تو
ماں بہن ایک کیے رہتا ہے سب کی وہ تو

کیا پتا کیا ہے ، خدا جانے نہیں ہے کیا کیا
چلتی پھرتی سی پہیلی کوئی رب کی وہ تو

سرخ روئی کی سند دنیا کو بھی دکھلاؤں
چھاپ چھوڑے مرے لب پر کبھی لب کی وہ تو

چوکڑی مار دی دنیا پہ جو اس کے چلتے
اور چھاتی کو پھلا کر ملا اب کی وہ تو

بس یہیں آن کے ہر بازی پلٹ جاتی ہے
اک چھٹی حس کوئی رکھتا ہے غضب کی وہ تو

نیند کی ریڑ لگانا کوئی اس سے سیکھے
تاک میں صبح سے ہی رہتا ہے شب کی وہ تو

کیا کہاں کیسے کیوں اب چھوڑو ہٹو رہنے دو
کر گیا اپنی سی کر ہی گیا کب کی وہ تو

دیکھ سکتا ہی نہیں کوئی بھی دوبارہ بدن
نظریں پڑتے ہی چرا لیتا ہے وہ سارا بدن

وہ ابھی یوں ہے ابھی یوں ہے ابھی یوں ابھی یوں
ٹکتا پل بھر نہیں سیماب صفت پارہ بدن

ذائقے دنیا و عقبیٰ کے سمٹ آئے تمام
میٹھا میٹھا سا بڑا تیکھا سا کچھ کھارا بدن

رات دن شام سحر اور مری سردی گرمی
ہے خنک چاند سے ، سورج سا ہے انگارا بدن

آنکھیں خالی تری خاطر ہی تو کی ہیں ورنہ
لادے لادے تجھے پھرتا ترا ہرکارا بدن

چوٹ ٹکر کی ملی جب بھی ملی ہے اس سے
جب کبھی جیتا بدن اس کا تو میں ہارا بدن

تربتر اس کے بدن سے ہے مرا سارا وجود
کیسے رہتا ہے شرابور وہ فوارا بدن

بس وہی ایک بدن صرف وہی ایک بدن
اس کے بدلے تو نہ لوں میں کبھی دس بارہ بدن

فی سبیل اللہ کیا شے ہے کوئی سمجھائے تو
اجر کا لالچ صلے کا تذکرہ نہ آئے تو

بانٹتے پھرتے ہیں سب ہی جنتیں اور دوزخیں
یوں کہ چُوک اللہ میاں سے حشر میں ہو جائے تو

کیا وہی ہیں واقعی ہم جیسا ہونا تھا ہمیں
اب جو اپنی اپنی داڑھی ہر کوئی کھجلائے تو

جانے کب آنا ہے اس کو جانے کب وہ آئے گا
سوچیے تو کیا ہو وہ کھٹ سے اگر آ جائے تو

ہاں تجھے تج دیں گے پلّا جھاڑ لیں گے تجھ سے ہم
پہلے کوئی اور شے دنیا کی جی کو بھائے تو

زندگی کی دھوپ میں جو کچھ تھا سب جل جل گیا
ہم اٹھا لائے مگر تیرے بدن کے سائے تو

لمبے سے اس قہقہے کے قبل بھی وہ ہم ہی تھے
قہقہے کے بعد بھی آواز اگر رندھ جائے تو

اب تو اپنے تک ہی ہر اک بات رکھنی چاہیے
خود کلامی بھی بنا کلمات رکھنی چاہیے

تم حقیقت آشنا محروم اس نعمت سے ہو
خواب کی خواہش اگر ہے رات رکھنی چاہیے

لادنا سب پر سدا اپنی بہت اب ہو چکا
دوسروں کی بھی ہیں ترجیحات رکھنی چاہیے

کون ٹکرا جائے کیسا ،جانے کس جا کس گھڑی
یاد ہر دم کچھ مغلظات رکھنی چاہیے

کوئی سنتا بھی ہمیں آخر تو سنتا کس لیے
لیے جدا ہر اک سے لفظیات رکھنی چاہیے

گھوما کرتی ہیں سوالی بن کے تیرے ارد گرد
آنکھ کے ہاتھوں پہ کچھ خیرات رکھنی چاہیے

تمام لفظ ہیں محوِ غزل سرائی اب
مرے قلم کی سیاہی ہے روشنائی اب

نہ تو ہی وہ نہ ترے لب نہ وہ تری باتیں
شکر شکر سی کھٹائی کہاں کھٹائی اب

ہمی کو تاب کا یارا نہیں یا کہیے یوں
کہ جو بھی ہوتا ہے ہوتا ہے انتہائی اب

تُو ساتھ ہوتا تو اس کلمو ہی میں ہمت تھی
یہ رات کرتی ہے جو پنجہ آزمائی اب

تمام لفظ بھی گڈمڈ خیال بھی مدغم
پھر اک سرے سے کریں آؤ پھر چھٹائی اب

خود اپنے منہ میاں مٹھو بنو جو جینا ہے
ہوائیں باندھو اڑایا کرو ہوائی اب

اسی کے دعوے چلو یاد پھر دلائیں اسے
بھلائے بیٹھا ہے شاید خدا خدائی اب

دم بہ دم اک گونج ہر سو کب کوئی سمجھا مگر
کُل زمیں ہے کربلا ہر دن ہے عاشورہ مگر

غاصبوں نے حسبِ منشا گڑھ لیے کیا کیا جواز
لاکھ حق نے حق جتایا چیخا چلایا مگر

جس طرف جس کے سمائی آنکھ موندی ہو لیا
راستہ تھا سیدھ ہی میں ناک کی سیدھا مگر

نار وا ہے جبر دیں میں سنتے آئے ہیں تمام
لٹھ لیے دوڑا رہے ہیں مجھ کو مولانا مگر

ہاتھ جوڑے پاؤں پکڑے ناک رگڑی سب کیا
ایک مطلب اک طلب کروائے ہے کیا کیا مگر

گر ہو غیرت چلّو بھر پانی میں دریا ڈوب مر
موجیں اُچھلیں ٹھاٹھیں ماریں پیاسا ہے پیاسا مگر

کون طوطی کی صدا نقار خانے میں سنے
ہائے چارہ گر کہ بے چارے کا بے چارہ مگر

عجوبہ نہیں ہے
ابھی تھا نہیں ہے

جو ہے سو تو ہے ہی
پہ کیا کیا نہیں ہے

سنو پھر نہ کہنا
سمجھایا نہیں ہے

وہ گل پھلجھڑی سا
پٹاخہ نہیں ہے

چھوا بارہا ہے
دبوچا نہیں ہے

زباں ہاتھ بھر کی
کلیجا نہیں ہے

کوئی تم سا ہم سا
کسی سا نہیں ہے

ہر اک سمت کوفہ
مدینہ نہیں ہے

خدا ہے خدا کا
بھروسا نہیں ہے

گندی گھناؤنی سچائی کو لفظ دیے اظہار دیا
دنیا شرافت کا چولا پہننے ہے میں نے اتار دیا

اپنے گریباں میں تم جھانکو اپنا سچ تم ہی جانو
میں نے اپنے دامن کا جس تس کو اک اک تار دیا

جسم کے کاری گر آ تیرے ہاتھوں کا بوسہ لے لوں
خم بھی دیے تو کس خوبی کے کس خوبی کا اُبھار دیا

ہاں نا کرتے کچھ لے دے کر تم نے تو حامی بھر لی
ہم نے کیا انکار تو پھر انکار پہ سب کچھ وار دیا

ڈھیروں کاغذ کالا کیا ہی کرتے رہنے سے حاصل کیا
ایک غزل کچھ شعر ایسے اک شور اٹھے شہ کار دیا

مظلوموں کے حق میں جینا مرنا اپنا مسلک تھا
سینتا برتا ان لفظوں کو سب نے جنہیں دھتکار دیا

چاکری کی بھر پائے نتیجہ دیکھا آخر باز آئے
توبہ کی استعفیٰ دنیا کو چارو ناچار دیا

پل بھر آنکھ لگی تھی کھُلی تھی تو دنیا بدلی بدلی تھی
خواب بھی اپنے آپ میں اصلی بیداری بھی اصلی تھی

کہنے سننے کی باتیں کچھ، کرنے دھرنے کی کچھ اور
جس کے جتنا کس بل اتنی اتنی جھولی بھر لی تھی

گنتی بھر چونکانے والے باقی چونکنے والے سب
عقل سوا کچھ ہی کے ورنہ کم عقلی بے عقلی تھی

دین و دنیا راجا پرجا عالم جاہل ہم یا تم
اپنا اپنا راگ سبھی کا اپنی اپنی ڈفلی تھی

یاس و حسرت کو بہلایا پھسلایا اور ٹال دیا
ضد پر اپنی اڑی رہی جو ایک تمنا پگلی تھی

مطلب اپنا مطلب بس اپنے مطلب ہی سے مطلب
یار بڑے عیار تھے ہم تم یاری اپنی نقلی تھی

بَین و بکا، گریہ، شیون، آہ و زاری، نوحہ ماتم
رنج و غم کی رسم ادا کرنی تھی رسماً کر لی تھی

اور اک شب آئی ڈھل کر رہ گئی
نیند اپنا ہاتھ مل کر رہ گئی

آرزو تبدیل حسرت میں ہوئی
اک تمنا تھی مچل کر رہ گئی

بس میں گر کچھ تھا تو بس اتنا ہی تھا
زندگی پہلو بدل کر رہ گئی

منظروں پر برف جوں کی توں بہ ضد
دور اک کھڑکی پگھل کر رہ گئی

دھوپ چھاؤں دھوپ چھاؤں دھوپ چھاؤں
تھوڑی تھوڑی دور چل کر رہ گئی

میرا منشا 'ہاں' مصرعہ وہ 'نا' پہ تھا
رہ گئی اک بات کھل کر رہ گئی

وہ نہیں اب وہ پہ وہ آخر ہے وہ
بل وہی ہیں رسی جل کر رہ گئی

ذہن تھا ماؤف سکتے میں زباں
آنکھ ششدر سو ابل کر رہ گئی

دیکھا تیری خاطر کیا کیا بالا پست کیا

رم کر، چاہے وحشت ہم نے دل تک دشت کیا

تیرے نہ ہونے پر بھی بسر کی ہے تیرے ہی سنگ

یہ اعجاز ہمارا تھا نابود کو ہست کیا

ذکر کو تیرے ہلکی سی بھی ٹھیس نہ لگنے دی

لفظ کڑا برتا کوئی نہ لہجہ کرخت کیا

کیا ہوتا تھا سوچ ذرا اور اب کیا ہے یہ دیکھ
اک ننھی سی کونپل کو چھتنار درخت کیا

تو ہے میں ہوں میں ہوں تو ہے اور سب کچھ ناپید
کھوئے تجھی میں دھونی رمائی تجھ میں گشت کیا

جو ہے جہاں ہے جتنا ہے سب کا سب تیرا ہے
تیری ہی خاطر دنیا بھر کا بندوبست کیا

یہ کر و فر تجھ ہی سے نسبت کا صدقہ ہے
دن پر دھونس جمائی کبھی راتوں کو پست کیا

کھیل ہے کوئی ہونا رہنا اپنے جیسا ہی
ہر اک تھوڑی ہو سکتا ہے میرے جیسا ہی

نوک پہ جوتے کی ایسے میں اپنی بزرگی تک
پیار آیا تو وہ لڑکی میں لڑکے جیسا ہی

اور کسی کو پڑی ہی کیا ہے ماتھا پچّی کی
تیرا ذکر ہمارا ذمّہ ٹھیکے جیسا ہی

اوٹ پٹانگ اُلّم غلّم یہ تو وہ میں کیا کیا
دل کم بخت بھی ہے جادو کے بٹوے جیسا ہی

داؤ پہ داؤ لگاؤ جیتو ہارو پاؤ گنواؤ
عشق یہی ہے عشق یہی ہے سٹّے جیسا ہی

پرتیں، پرتیں، پرتوں پر پھر پرتیں ہی پرتیں
عالم کا عالم چھلکے پر چھلکے جیسا ہی

کب اجاگر ہوئی سیرت بھلا تصویروں میں
ہم کہاں وہ، جو ہیں تقریروں میں تحریروں میں

ڈول ڈالے ہے کھڑا شوقِ شہادت میرا
کس قدر آب ہے دیکھوں تری شمشیروں میں

باندھے خود کو ترے کھونٹے سے ہوں جیسے تیسے
میں کہ جکڑا ہوں رواداری کی زنجیروں میں

اصل پر اپنے پلٹ آتی ہے ہر شے آخر
باتیں بچوں سی نظر آتی ہیں جو پیروں میں

ڈانٹ پھٹکار کی امید نہ تنبیہ کی آس
اب کہیں کوئی نہیں اپنے خبر گیروں میں

سب نے یوں رنگ بھرا گم کہیں تصویر ہوئی
دنیا دنیا نہ ہوئی باپ کی جاگیر ہوئی

اپنی ہی بات پہ حیران ہے کہنے والا
شرح اس طور سے اس ڈھنگ سے تفسیر ہوئی

ظرف تیرا کہ خدا جانے سلیقہ میرا
بات پوری بھی نہ کر پایا تھا اور تیر ہوئی

اک تمنا ہے کہ ٹلتی ہے ٹلا کرتی ہے
پیر سے بدھ پہ ٹلی پھر ٹلی پھر پیر ہوئ

کون دیکھے کہ سلوک اپنا ہے الفاظ سے کیا
میرے کرتوت کی اب تک کہاں تشہیر ہوئ

اک الجھتی ہوئ گتھی ہے سرے سینکڑوں ہیں
بات چھوٹی ہی سی تھی قضیۂ کشمیر ہوئ

جانے ہم کون سے زندان کے زندانی ہیں
کوئ صیاد نہ دیوار نہ زنجیر ہوئ

دونوں نم آنکھیں لیے دیر تلک لپٹے رہے
مدتوں بعد تری یاد بغل گیر ہوئ

(سونامی سے متأثر ہو کر)

زمیں چلائی چیخی بلبلا کے
نہ جوں تک رینگی کانوں پر خدا کے

میں تیرے قہر کے صدقے خدایا
ادھورے رہ گئے جملے دعا کے

کریدے راکھ ڈھونڈے خاک کوئی
سبھی ناپید ہے جب جل جلا کے

تمنا   آرزو   ارمان   حسرت
پرندے   اڑ گئے   پَر   پھڑپھڑا کے

پڑی   ہے   زندگی   ڈھانپے   لپیٹے
فنا   دوڑے   پھرے   ہے   دندنا کے

پھٹا   مجھ میں   پھٹا   آتش فشاں   پھر
ہیں   سینے میں   دھماکوں پر   دھماکے

کبھی کبھی اب کہیں کوئی اب
اگر یوں ہی ہے یوں ہی سہی اب

اجاڑ منہ آرزو تمنا
ہے نامرادی بنی ٹھنی اب

ہوا ہے کیا ، جانیے کیا ہوگا
اچاٹ ہر ایک شے سے جی اب

مصر بضد میں ہی تب تھا لیکن
جو تیری مرضی تری خوشی اب

کسے بلائیں کہاں بٹھائیں
ہیں تیری یادیں اٹی پڑی اب

میں کوئی کھونے کی چیز تھی کیا
سوال کرتی ہے زندگی اب

کہاں کھپے گا کہاں بسے گا
اگر یہ قیدی ہوا بری اب

تمام موسم گزر چکے ہیں
تو ہم کو سوجھی ہری ہری اب

رہی سہی بھی ترے حوالے
کسر ہے جو کچھ بچی کچی اب

کچکچایا شعر نالہ بین واویلا کیا
فکر سے لفظوں نے کچھ اتنا بڑا دھوکا کیا

منہ ہمارا تھا کہ آتے روبرو دنیا کے ہم
کیا کہیں کیسے کہیں کرنا تھا کیا اور کیا کیا

تھا سوا تیرے بہت کچھ جو وبالِ جان تھا
جیسے تیسے بہلا پھسلا کر انھیں چلتا کیا

دل سے دل تک صاف سارا سب سجھائی دیتا تھا
ناس ماری عقل ٹپ سے ٹپکی اور اندھا کیا

لیجے حجت ختم کی اب منہ نہ ٹیڑھا کیجیے
آپ ہی نے سب کیا عمدہ کیا بڑھیا کیا

خیریت گزری بڑی ، ہم نے حد اپنی جان لی
ورنہ خوش فہمی نے بہتوں کو بہت رسوا کیا

ہے شمیم عباس ہی کم بخت وہ عیسیٰ نفس
نیم جاں پسماندہ مردہ لفظوں کو زندہ کیا

معصوم کے نام

خوب صورت خوب رو نیارا بڑا پیارا سا وہ
چھوٹی سی دنیا مری اس میں بہت سارا سا وہ

مسکراتا کھلکھلاتا ہنستا گاتا بولتا
زندگی ہی زندگی بہتا ہوا دھارا سا وہ

پھونکتا رہتا ہے سانسوں میں مری اپنا بِگل
اور دل کی دھڑکنوں میں بجتا نقارا سا وہ

ڈور اس کی تھامے امیدیں مری محوِ خرام
گھور اندھیری رات میں اک آخری تارا سا وہ

آیا ٹھہرا چل دیا پھر آیا ٹھہرا چل دیا
دل کی دنیا میں بھٹکتا کوئی بنجارا سا وہ

میری خاطر ڈھال لیتا ہے وہ خود کو حسبِ حال
کوٹھری جاڑے میں اور گرمی میں چوبارا سا وہ

خود ہی اپنی خوبیوں سے عاجز و بیزار سا
جیتا دنیا بھر سے اپنے آپ سے ہارا سا وہ

ایک دوجے کے لیے ظالم بھی ہم مظلوم بھی
میں اگر اُس کے تو میرے پیار کا مارا سا وہ

ذہن و جاں میں ایک آفت جوتے رہتا ہے تمام
اور کہنے کو بڑا معصوم بے چارا سا وہ

معصوم کے نام

جو مرا کوئی نہ تھا میرا سراسر بن کے
جی رہا ہے مجھے اب میرے برابر بن کے

اک جزیرہ ہے مری ساری کی ساری دنیا
گھیرے بیٹھا ہے سبھی کچھ وہ سمندر بن کے

جب بھی لوٹوں یہیں لوٹوں گا یقیں ہے اس کو
منتظر رہتا ہے میرا وہ مرا گھر بن کے

وہ مرا یار مددگار وہ ناصر انصار
ٹوٹ بھی پڑتا ہے مجھ پر کبھی لشکر بن کے

آسمانوں سے پرے اور پرے اور پرے
وہ اڑائے لیے پھرتا ہے مجھے پر بن کے

لیلیٰ مجنوں کبھی دونوں کبھی شیریں فرہاد
پھیکے پھیکے سے بڑے تھے زن و شوہر بن کے

حائل گِرد گلے کے پھر بانہوں کا ہالہ ہوتا ہے
چھوٹی موٹی جھڑپوں کا منہ ایسے کالا ہوتا ہے

چھید کے سن سے نکل جاتی ہیں میرا وجود اس کی باتیں
جلی کٹی ایسی ایسی ، بس برچھی بھالا ہوتا ہے

بدمزگی خفگی ناراضی ہوتی ہے ہوتی رہتی ہے
بات بہت ہی اندر کی ہے کیسے ازالہ ہوتا ہے

اس کا افسردہ ہو جانا تاریکی کا چھا جانا
اس چہرے کا کھل اٹھنا سارے میں اجالا ہوتا ہے

ہاتھ کہاں دھرنے دیتا ہے وہ اتنی آسانی سے
خوب پتا ہے اس کو کیسے لطف دوبالا ہوتا ہے

بے بس ہو جایا کرتے ہیں دونوں ہی دونوں کے آگے
بھسم ہی ہونا پڑتا ہے جب جسم جوالا ہوتا ہے

وہ جو ہے بس وہ ہی ہے وہ سب کچھ ہے سارا کچھ ہے
دنیا جو ہو سو ہو وہ تو بالا بالا ہوتا ہے

دل کو سمجھاتے ہی رہتے ہیں نہ جی چھوٹا کرے
ہم کہیں کی توپ ہیں جو چاہیں ہو جایا کرے

آرزو ، پھر حسرتِ ناکام اور پھر آرزو
جیسے کہنی پر لگے گُڑ کو کوئی چاٹا کرے

اک ذرا سی دم ہلانے میں قباحت کون سی
چاہتے ہیں سب یہی ٹکڑا کوئی پھینکا کرے

خود کو کوسا گالیاں دیں لعنتیں بھیجیں تمام
زندگی پر بس نہ چل پائے تو کوئی کیا کرے

صبر کا پھل میٹھا ہوتا ہے سنا کرتے تو ہیں
میرا پھل اللہ اب اتنا بھی نہ میٹھا کرے

آج کیا بتلائیں کس عالم میں یاد آیا ہے تو
چلچلاتی دھوپ میں جیسے کوئی سایا کرے

ایرے غیرے بہتیرے تھے پر تم بھی تم بھی
بیٹھے بٹھائے ہو بیٹھے ہم سے کٹی تم بھی

لے دے کر اک تم تھے تم سے بنتی چھنتی تھی
چپکی بھرتے ہو اب کرتے ہو انگلی تم بھی

ہاں میں ہاں بھی ملائیں پر ہو ڈھنگ پیتے کی تو
بے سر پیر کی ہانکتے ہو لمبی لمبی تم بھی

دیکھیں کب تک کہاں تلک یوں گاڑی کھینچو گے
دیکھیں کس کس کو پہناتے ہو ٹوپی تم بھی

گرے پڑے ہیں ہم تو گئے گزرے ہیں لیکن تم
باتیں کرتے ہو ایسی ویسی چھی چھی تم بھی

دھواں دھواں ہو کبھی تو سلگو بھڑکو جل اٹھو
یہ کیا سیلی سیلی سی گیلی لکڑی تم بھی

بگڑا اکھڑا کیا میرا کیا بگڑے اکھڑے گا
کر لو کوئی کسر ہو تو کرلو پوری تم بھی

یہ نہیں ، یہ بھی نہیں اور وہ نہیں وہ بھی نہیں
تجھ سا کوئی دوسرا مل جائے ممکن ہی نہیں

تو پسارے پاؤں بیٹھا ہے مرے لفظوں میں یوں
اب کوئی آئے کہیں کوئی جگہ خالی نہیں

نظم ہو اے جان بنتی سن کبھی تو نظم ہو
ضد ترا حق ہے مگر اتنی بھی ضد اچھی نہیں

لھٹا میٹھا ، کڑوا تیکھا سب سے ہوں میں آشنا
اک تری صحبت کی لذت ہے کہ جو چکھی نہیں

دس قدم میں تو آؤں تو دو اک قدم تو بھی تو آ
سوچ لے تالی کبھی اک ہاتھ سے بجتی نہیں

امتحاں میرا نہ لے اتنا کہ رشتہ ٹوٹ جائے
تو بہت کچھ ہے یہ مانا کم مگر میں بھی نہیں

کیا ہے تو اور کیا نہیں جیسا ہے کیا ویسا ہے تو
بات ہر پہلو سے کی تجھ پر مگر چمکی نہیں

اک تبسم اپنا تو بیچے تو لے حاضر ہے جان
اس سے بڑھ کر کوئی شئے میرے لیے سستی نہیں

اُس بدن کی وادیاں وہ پیچ و خم وہ کوہ سار
ہم ہمیشہ خواب سا دیکھا کیے شہرِ بہار

سچ ہی کہتے تھے بڑے بوڑھے کھلا ہم پر یہ اب
تیر نظریں مژگاں بھالے اور تنی ابرو کٹار

مدتوں کی کھوئی شے گویا کہیں دکھلائی دے
دوڑ کر تجھ سے لپٹ جانا مرا دیوانہ وار

بانہوں میں بھر کر چٹا چٹ بوسوں پہ بوسے تمام
کیا کرے کوئی بھلا پیار آئے جو بے اختیار

انتہائے شوق میرا اور تری بے باکیاں
میں مجسم ہوگیا تیرے بدن کے آر پار

ہار میں بھی اک عجب سی تمکنت چہروں پہ ہے
اُدھڑا نوچا سا بدن دونوں کا سانسیں تار تار

جمع کرتا ہوں تجھے جی جان سے میں رات بھر
اور جھپٹ کر چھین لے جاتا ہے دن ہر ایک بار

میں اس جہاں کے لیے یا جہاں ہے میرے لیے
میں بار ہوں کہ یہ بارِ گراں ہے میرے لیے

میں کیوں ہوں کون ہوں کس کے لیے ہوں کب تک ہوں
مرا وجود اک اندھا کنواں ہے میرے لیے

سلجھتا جتنا بھی ہے میں الجھتا جاتا ہوں
عیاں عیاں سا بہت سا نہاں ہے میرے لیے

شکست کھاتے چلے آ رہے ہیں ماہ و سال
وہ پہلے بھی تھا اور اب بھی جواں ہے میرے لیے

ہوس ہمیشہ مصلیٰ بچھائے بیٹھی ہے
کہیں کچھ ہے جو مسلسل اذاں ہے میرے لیے

وہ ہاڈ مانس کا ہم تم ہی سا مگر پھر بھی
مری زمین وہی آسماں ہے میرے لیے

مرے نشانے کی زد پر تمام عالم ہے
میں لفظ تیر تو بندِش کماں ہے میرے لیے

لب پر ہوتی ہیں کچھ زیرِ لب ہوتی ہیں
سب کچھ ہی سب سے کہنے کی کب ہوتی ہیں

جاں لے کر ہی دم لیتی ہیں تیری باتیں
تیری باتیں ہی جینے کا سبب ہوتی ہیں

تو مل جائے جس دم جس دم تو کھو جائے
صبحیں تب ہوتی ہیں شامیں تب ہوتی ہیں

وقت کی دھول میں دھندلا جاتا ہے سب کچھ ہی
لیکن کچھ تصویریں ہیں جو عجب ہوتی ہیں

یہی تو ہے بنیاد ہم دونوں کے رشتے کی
جتنی ان چاہی باتیں ہیں سب ہوتی ہیں

جو ہو دکھائی دے بھی دکھائی دے جو ہو بھی
ایسی باتیں کہیے کہاں صاحب ہوتی ہیں

کچھ ہے کرمِ فرمائی جنابِ شیطاں کی بھی
اس کی تحریکیں واللہ غضب ہوتی ہیں

جینا ہے سو ڈھونگ رچانا پڑتا ہے
جیتے جی بھی مر مر جانا پڑتا ہے

اوروں ہی تک ہوتا تو اک بات بھی تھی
اپنے آپ کو بھی سمجھانا پڑتا ہے

مصلحتوں کی بھی اپنی ہیں مصلحتیں
منہ کی کھانا اور پی جانا پڑتا ہے

ٹیڑھی کھیر ہے سچ کو ثابت کرنا بھی
الٹی سیدھی پٹّی پڑھانا پڑتا ہے

خود سے ملنے کی جب جب کوشش کیجے
بیچ میں لمبا ایک زمانہ پڑتا ہے

ان دیکھی ہی دیکھنا چاہے ہے دنیا
جو دکھلائی نہ دے دکھلانا پڑتا ہے

وہ اپنی قربتیں مانا کہ اک وقفہ عبوری تھا
مگر جو فاصلہ ہے اب تو کیا یہ بھی ضروری تھا

میں اس کا ہوگیا کیسے ، خبر ہوتی تو بتلاتا
اور اس کے بعد بھی جو کچھ ہوا سب لاشعوری تھا

لیے آتے ہیں اک ہلکی سے لو بجھتے بچاتے ہم
اندھیرا اپنی جانب سے تو تیاری میں پوری تھا

بس اک ملعون مَیں ہی ، جرأتِ انکار تھی جس میں
تھے سارے سرخ رو جن جن کا شیوہ جی حضوری تھا

وہ اپنی دُھن کا پکا مَیں بھی اپنی گانٹھ کا پورا
وہ اپنے زعم میں یکتا بلا کا مَیں غیوری تھا

سپاہی چور ، بلی چوہا ، نیولا سانپ تھے گویا
ہوسِ قربت کی مجھ کو اور وتیرہ اس کا دوری تھا

فضیلت ہے ، سرِ فہرست فردِ جرم نام آنا
نمایاں ہر قدم میرا قصورِ بے قصوری تھا

سبھی کچھ ہے مگر پھر بھی ہے کم کچھ
ٹٹولا کرتے ہیں ہر شے میں ہم کچھ

کھلے گا لاکھ پھر بھی بچ رہے گا
بھرم کا بھی تو ہے اپنا بھرم کچھ

دلائل اپنے اپنے ، عذر اپنا
کہے گا ذہن کچھ ، دل کچھ ، قلم کچھ

ہماری کھال موٹی ہو چکی ہے
خوشی شاکی تو نالاں غم الم کچھ

ٹھٹھرتی رات نے ہے آدبوجا
کہ ٹھنڈی پڑ گئی حضرت چلم کچھ

ابھی اک معرکہ اک اور رن ہے
نظر آتے ہیں لہراتے علم کچھ

سبھی بے آسماں بے سائباں سے
سبیل آؤ کریں باہم بہم کچھ

اِدھر سچ مچ ہی مَیں حد کر رہا ہوں
ندارد سے برآمد کر رہا ہوں

ہر اک شے نامکمل سی لگے ہے
خود اپنے آپ کو رد کر رہا ہوں

تخیّل، صبر کوئی دم ذرا سا
مَیں لفظوں کی خوشامد کر رہا ہوں

تو میری بھول تھا اور ہے پتہ ہے
مسلسل پھر بھی سرزد کر رہا ہوں

کسی کی یاد میں گم ہوں، غلط ہے
کسی کو پھر برآمد کر رہا ہوں

نقش کچھ اور بھی نکھرنے ہیں
ان گنت رنگ ہیں جو بھرنے ہیں

صاحبو! اس کا بھی خیال رہے
قافلے اور بھی گزرنے ہیں

ہست پیہم سمٹتا رہتا ہے
بود کے پاؤں جو پسرنے ہیں

کچھ تو پہلے ہی تج دیے ہم نے
خواب جو بچ رہے بکھرنے ہیں

مَیں کہاں تھا کہاں لے آئے مجھے
پر خیالوں کے اب کترنے ہیں

کچھ دنوں یاد اور مت آؤ
کچھ ضروری سے کام کرنے ہیں

صبح ہے، دن کو اور چڑھنے دو
اور چہرے کئی اُترنے ہیں

باقی بتلائیے کتنوں کے بھرم سچ مچ ہیں
ہم سے ناپید نہیں سچ ہے پَہ کم سچ مچ ہیں

یہی تحریریں کیا کرتی ہیں تحریر ہمیں
لفظ کی اوٹ میں ہم ہیں جو رقم سچ مچ ہیں

وہ بھی وہ بھی یہ جہاں چاہتا جب ہے جیسا
ورنہ دراصل وہی ہیں کہ جو ہم سچ مچ ہیں

یہ میں کچھ وہ ہے تو ہے وہ میں بھی کچھ یہ شامل
ہیں الگ سارے ہی اور سارے بہم سچ مچ ہیں

کیا تھے اور کب تھے رہے یاد کہاں اتنا دماغ
ہاں دو اک غم ہی ہیں سچ مچ کہ جو غم سچ مچ ہیں

اصل ہی اصل ہے اور نقل بہ ہر حال ہے نقل
کہیں یکساں بھلا فردوس و ارم سچ مچ ہیں

صرف مصرف میں ترے صَرف ہمیں ہونا ہے
ہم بس اب اپنے پہ مائل بہ کرم سچ مچ ہیں

بس یقیں ہے کہ یقیناً یہی حق ہے ورنہ
اک تصور ہے خدا اور صنم سچ مچ ہیں

مجھے خبر نہ تجھے پتا ہے
میں تجھ کو تو مجھ کو جی رہا ہے

میں حق ادا کر سکا نہ تیرا
تو تُو بھی تو واجب الادا ہے

روا ہے کیا ناروا ہے کیا کیا
کھٹائی میں اب بھی مسئلہ ہے

فرار سارے کے سارے مجرم
خود احتسابی وہ کٹگھرا ہے

اگر ہے اپنی ہی ذات محور
تو دین داری ڈھکوسلا ہے

ہماری حق گوئی ٹھہری غیبت
ہمارے سر سارا ٹھیکرا ہے

شمیم عباس ہے چغد کیا
فضول بکنے اُدھیڑتا ہے

شاید ہی کچھ بدلی باقی جوں کی توں
دنیا ایسی ہی تھی ایسی جوں کی توں

ہابیل و قابیل سلامت ہیں واللہ
بنتِ حوا غمزہ شوخی جوں کی توں

بوس و کنار و ہجر وصال اور للک تڑپ
نر اور مادہ لڑکا لڑکی جوں کی توں

بال برابر فرق کہاں تجھ میں آیا
اور ہوس بھی جاناں میری جوں کی توں

قہر و عذاب آئے اور نازل ہوئے عتاب
اوندھے پہ اوندھا چپٹی پہ چپٹی جوں کی توں

وقت جگہ اور لوگ بدلتے رہتے ہیں
جس کی لاٹھی بھینس اسی کی جوں کی توں

سچائی سے مکروں جھٹلاؤں توبہ
کھری کھری بس کھری کھری ہی جوں کی توں

ناک اور بھوں ہے پاس ہمارے بھی لیکن
سب کی سُکڑتی ہے اور اپنی جوں کی توں

پیچ لڑائے کسی سے نہ لگا کھائے
اپنی ادا ہے نوکھی نرالی جوں کی توں

ہماری جوتی پہ لعنت جو در بہ در جائے
غرض ہو رتبے کو میری تو میرے گھر آئے

یہ بدمزاجی یہ بدذوقی بدتمیزی مری
نہ تلوے چاٹے کسی کے نہ پیٹھے سہلائے

ہمارے ہونے ہوانے سے ہونا ونا ہے کیا
خود اپنے بارے میں اپنی رہی یہی رائے

جو سچ کہو تو بہت کچھ کہا ہے کہنے کو
پہ حق یہی ہے کبھی حق ادا نہ کر پائے

خیال ضائع اکارت تمام تر الفاظ
اُتھل پتھل تھی دل و جاں میں اس قدر ہائے

بدلتا وقت مسلسل ہمیں بدلتا رہا
مچایا شور بہت پیٹے چیخے چلّائے

نہیں کوئی بھی نہیں اور جان پڑتا ہے
ہے ارد گرد کہیں کوئی بانہیں پھیلائے

نہ مجھ ذلیل سے الجھیں نہ منہ لگیں میرے
خدایا کوئی خداؤں کو میرے سمجھائے

اُسی سا لہجہ اُسی کی مغلظات تمام
نہ جی بھرا اگر اس پر بھی ، دو دو ہاتھ تمام

سمجھایا لاکھ تھا جو ہو وہ ہو سلیقے سے
شعور خاک نہیں اور لوازمات تمام

سبھی کو لینا سبھی کچھ ہے دینا کچھ بھی نہیں
لگائے بیٹھی ہے دنیا پہ دنیا گھات تمام

علاقہ ، رنگ ، زباں ، نسل ، قوم ، ادب ، مذہب
اچھوت رہتے جو ہوتی نہ چھوت چھات تمام

میں وہ کہاں تھا وہ ہوں جو وہ کہاں رہوں گا جو ہوں
بدلتی رہتی ہے پیہم یہ کائنات تمام

نہ ہانک ہے نہ ہی بڑ جھیلا کھیلا کرتے ہیں
میں اور معنی و الفاظ لفظیات تمام

سنا ہے ہم سے زیادہ سفر میں رہتی ہیں
ہماری باتیں اجی چھوڑو واہیات تمام

کبھی تمہارا تھا وہ ، نہیں تھا ، ہٹاؤ چھوڑو
گھسا پٹا واقعہ کبھی کا ہٹاؤ چھوڑو

اگر نہیں وہ نہیں سہی کون سی کمی ہے
یہی نا یہ سونا پن ذرا سا ہٹاؤ چھوڑو

تو اس کے بن مر مٹو گے سچ مچ نہیں جیو گے
یہ بین آہ و بکا تماشا ہٹاؤ چھوڑو

ٹھہرنا کچھ سوچ کر پلٹنا اُسی کو تکنا
جو کھویا پایا جو ہے بقایا ہٹاؤ چھوڑو

نہ وہ تھی لیلیٰ نہ قیس تم ہو سمجھ گئے نا
یہ روگ کب ہے تمہارے بس کا ہٹاؤ چھوڑو

مری ہی ماند میری صورت گزار لوگے
وہ حال کرلوگے جو ہے میرا ہٹاؤ چھوڑو

یہ جذب و الفت یہ وصل فرقت یہ غم مسرت
تمام چُوں چُوں کا ہے مربّہ ہٹاؤ چھوڑو

در زمانے کا کھٹکھٹائے کون
آزمائے کو آزمائے کون

بات ناحق ہی اب بڑھائے کون
زندگی تجھ کو منہ لگائے کون

کوئی سوتا ہو تو جگائیں بھی
جاگتوں کو بھلا جگائے کون

زندگی تیری تیرہ بختی پر
روشنی بن کے جگمگائے کون

تک رہے ہیں سب ایک دوجے کو
فرضِ سادات اب نبھائے کون

پھر مدد کو پکارتا ہے کوئی
دیکھیں نصرت کو اب کی آئے کون

سارے بیعت پہ ہیں کمر بستہ
اک نئی کربلا بسائے کون

کوئی منصف ہی جب کہ غاصب ہو
مستحق حق ترا دلائے کون

بخج بھی دے خود کو اور نہ جتلائے
نفس پر ایسا قابو پائے کون

ایسی دنیا کو تین تین طلاق
اتنی ہمّت مگر جٹائے کون

اک اجالا کہیں ہے پوشیدہ
پر جہاں کو یقیں دلائے کون

رگ رگ میں اینٹھن سی جی میں تھرتھر ہے
تیرے قرب کا جادو تجھ سے بڑھ کر ہے

ہم تم سنساں لمبی ٹھٹھری کالی رات
آج نصیبہ زوروں پر زوروں پر ہے

اجلا   سا   اندھیارا   گدلا   اجیارا
روشنی   تاریکی   نے   بدلا   تیور   ہے

تجھے میسر میں ہوں مجھ کو تو حاصل
آپے میں اب رہنا بس کے باہر ہے

اِس گرداب سے نکلیں تو اُس پار لگیں
ناؤ تلاطم ہچکولے میں لنگر ہے

اُڑتے بہتے جذبے جسم و جان سبھی
آندھی طوفاں جھکڑ بادِ صرصر ہے

امڈے گھرے گرجے چمکے جھر جھر برسے
میں جی بھر سیراب مجسم تُو تر ہے

ہے سراسر مکر بہلاوا مگر کر لیتا ہوں
سب کو سو فی صد خود اپنے کو صفر کر لیتا ہوں

پانسے جھانسے پینترے جا اور بے جا جھوٹ سچ
مختصر بس یہ کہ سارے خیر و شر کر لیتا ہوں

میں کسی کا ہوں نہ ہوں پر ساری دنیا ہے مری
اس بلا کا ہوں کہ سب عیب و ہنر کر لیتا ہوں

انگلی پکڑائے کوئی پہنچا پکڑنا میرا کام
باتیں لچّھے دار ایسی جی میں گھر کر لیتا ہوں

چٹکیوں کا کھیل ہے دنیا جہاں میرے لیے
گر مہم تُو ہے تو لے تجھ کو بھی سر کر لیتا ہوں

اب بسر کرنا ہی ہے تو پھر بسر کرنا ہی ہے
سوئی کے ناکے سے بھی ہو کر گزر کر لیتا ہوں

سب گُرو ہیں چیلے میرے، ہوں گُرو گھنٹال میں
زیر اچھے اچھوں کو خود کو زبَر کر لیتا ہوں

یہی ہونا ہے تو پھر کاہے کا ڈرنا ورنا
مطمئن ہو کے جیو چین سے مرنا ورنا

ہم بڑے گھاگ ترے چلتے ہی اب ہیں استاد
کوئی رنگروٹ نیا ہو اسے چرنا ورنا

اک جھلک گاہے بہ گاہے کبھی مل جاتی تھی
اس کے در ہم جو دیا کرتے تھے دھرنا ورنا

آج بے طرح سے جی کرتا ہے صحبت کو تری
تو بھی نکل ول ہی کو جو کام ہے کرنا ورنا

کچھ ذرا بولیے اور بھل سے اُبل پڑتی ہیں
یار آنکھیں ہیں تری یا کوئی جھرنا ورنا

کوئی تاکید کہ تنبیہ کسی کو کیجے
پوچھتا ہے وہ پلٹ کر یہی ورنہ ورنا

بھاری بھرکم سی غزل ہم سے نہ ہو پائی کبھی
ٹھونسنا ٹھانسنا الفاظ کا بھرنا ورنا

بدن سے پوچھا کرتا ہوں بتا کچھ تو بتا کیا ہے
وصالِ یار میں یہ لطف یہ لذت، مزا کیا ہے

میں تجھ کو چھو کے آپے میں رہوں کیوں ہو نہیں پاتا
بہت اندر کہیں اک افراتفری زلزلہ کیا ہے

بڑا خاموش گم صم بے صدا چپ چاپ سا لیکن
بدن جب بولتا ہے کچھ نہ پوچھو بولتا کیا ہے

نظارے آنکھیں دل دھڑکن تصور ذہن گویائی
سبھی کچھ تیرا ہی تیرا تو پھر آخر مرا کیا ہے

میں لا دے خود کو آوازیں لگاتا گھوما پھرتا ہوں
سنو سمجھو کبھی پرکھو جدا مجھ میں نیا کیا ہے

اسی دنیا کا پیرو اور اسی دنیا کا پروردہ
بھلا میں بھی نہیں ہوں تو بھلا اس میں برا کیا ہے

مری وقعت کبھی ہونی ہوئی تو اتنی ہی ہوگی
مرے ہونے نہ ہونے سے بڑھا کیا ہے گھٹا کیا ہے

یہ لنڈوری سی زندگانی کیا
کیا غزل تیرے بن کہانی کیا

لفظ ناپید فکر کی بھرمار
بیوہ کیا بیوہ کی جوانی کیا

پیاس پیاسی رہے لبِ دریا
پانی پانی نہ ہوگا پانی کیا

زندگی ہے یہی تو ٹھیک ہے پھر
رکھیے لوگوں سے بدگمانی کیا

کون سی بھاڑ جھونکی بتلائیں
یا ہیں حضرت بھی خاندانی کیا

سب ادھر کی ادھر کی ہانکتے ہیں
ہم ہی اب کہہ دیں درمیانی کیا

ہے اتارو بدن بغاوت پر
کون راجا کہاں کا ، رانی کیا

تم دنیا بھر ہم بس ہم ہیں
بلکہ کچھ اس سے بھی کم ہیں

یہ بھی وہ بھی ایسے ویسے
جی کو کیسے کیسے بھرم ہیں

اب جوتوں میں دال بٹے گی
دو متضاد سرے باہم ہیں

مَیں اک لڑکا وہ اک لڑکی
دونوں، دونوں کا جوکھم ہیں

بولی گولی نین میزایل
اور سینے پر ایٹم بم ہیں

پیشہ وقت کی منشی گیری
کان پہ دھر کے نکلے قلم ہیں

اُچکا کھسکا بھی نہ پائے
لفظ بڑے بھاری بھرکم ہیں

تمھارے ہوتے ہوئے بھی عجب اداسی ہے
سمندروں سے گھری یہ زمین پیاسی ہے

یہ میں ہوں اور وہ تو یا وہ میں ہوں اور یہ تو
یقینی جاننے ہے کیا، جانے کیا قیاسی ہے

فساد برپا رگ و پے میں جس کے چلتے تھا
اُس ایک کرب کی اس شعر میں نکاسی ہے

سلیقے ہی کے سبب ندرتیں بھی جدت بھی
وگرنہ تازہ ہے دنیا میں کچھ نہ باسی ہے

نہ اپنی مرضی سے بولے کبھی نہ چپ سادھے
ہر اک زبان کسی نہ کسی کی داسی ہے

چلی کہاں سے تھی دیکھو کہاں یہ آپہنچی
وہ بات رہ گئی کوسوں کہ جو اساسی ہے

بھلی ہو لاکھ بری ہو یہ دنیا جیسی بھی ہو
ہماری ذات بھی شامل کہیں ذرا سی ہے

یہ ایک دم سے جو ہوتا ہمیں ہے یہ تم ہو
وبائی روگ نہیں یہ تو بارہ ماسی ہے

ہونی ہوتی نہیں ان ہونی ہوا کرتی ہے
زندگی پھوٹ کے روتی ہے ہنسا کرتی ہے

ایک یہ بستی کہ ہم جس میں بسا کرتے ہیں
ایک وہ بستی جو ذہنوں میں بسا کرتی ہے

کچھ کہیں درپئے آزار ہے پیہم مجھ کو
کوئی شے ہے جو نہیں ہے پہ دکھا کرتی ہے

نہ تو چھت ہے نہ درو دیوار نہ دروازہ کوئی
ایک کنڈی کہیں رہ رہ کے بجا کرتی ہے

غازہ کر لیتا ہوں کچھ جیب میں رکھ لیتا ہوں
ناامیدی سے جو امّید چھنا کرتی ہے

میں اِدھر میں ہی اُدھر درمیاں اس طور کوئی
رات اور دن کو شفق جیسے جدا کرتی ہے

کنگناتی ہے کبھی اس کو ہوا اور کبھی
خاک اڑاتی ہوئی چلتی ہے بکا کرتی ہے

اشارہ ہے اور نہیں بھی ہے
سہارا ہے اور نہیں بھی ہے

بس اک یہی دکھ رہا کہ وہ
ہمارا ہے اور نہیں بھی ہے

نہ جیتے اس بن نہ مرتے ہیں
گزارا ہے اور نہیں بھی ہے

بہاؤ اور میری بے بسی
کنارا ہے اور نہیں بھی ہے

یہ چونک چونک اٹھنا بار بار
پکارا ہے اور نہیں بھی ہے

جنون اک جو سوار تھا
اتارا ہے اور نہیں بھی ہے

یہ گھر یہ بستی یہ کائنات
اجارہ ہے اور نہیں بھی ہے

وہی تو کھویا جو پایا تھا
خسارہ ہے اور نہیں بھی ہے

عجیب سی شے ہے آدمی
گوارا ہے اور نہیں بھی ہے

کوئی شے جیسے ضدی بچہ مانگے
میرا بدن جب جاگے بدن تیرا مانگے

آنکھیں آنکھوں میں کھونے کی متمنی
ہونٹ لبوں سے بوسوں پر بوسہ مانگے

مل بھی جایا کر مجھ کو اتنا اتنا
دل جب تجھ کو جتنا جتنا مانگے

سب کچھ میرے پاس ہے بس اک تیرے سوا
آنکھیں ہی مانگے جب بھی اندھا مانگے

کبھی قرینے سے ہر اک شے اپنی جگہ
کبھی کبھی جی سب الٹا پلٹا مانگے

مجھ سا مانگنے والا خود ہی عاجز ہے
نہ مانگے تو کیا ، مانگے تو کیا مانگے

کہنے کو سبھی کچھ ہے ہر اک چیز پڑی ہے
اک شے تھی مگر دور کہیں چھوٹ گئی ہے

ہر سمت کوئی ہے جو سبھی گھیرے کھڑا ہے
دنیا تو کسی اوٹ میں اب چھپ سی گئی ہے

یہ شدتِ احساس اسی کا ہے نتیجہ
اک وقت کسی سے جو بڑی گاڑھی چھنی ہے

اب نام ترا میرا نہ لے گا کوئی تنہا
جب خود کو مٹایا تو یہ جاگیر بنی ہے

چپ سادھی تو چپ سادھی یہ ہے منہ میں زباں بھی
چپ لاکھ ہو پر جوالامکھی جوالامکھی ہے

پہنچوں تجھ تک پہنچوں رہ رہ جاؤں بھی
جھوموں اٹھلاؤں بھی روؤں رلاؤں بھی

جی میں کیا کیا ہے اب تک نہ جان سکا
تیری گواہی دوں تجھ کو جھٹلاؤں بھی

جان مری یہ تم ہی ہو یہ میں ہی ہوں
جھڑکوں چڑھ کر ، پیار آئے لپٹاؤں بھی

زعم میں اینٹھوں ایندوں اور کبھی خود کو
کوسوں چیخوں چلّاؤں گلیاؤں بھی

کونپل بن ڈالی ڈالی پھوٹوں چٹکوں
پنپوں ،پھلوں ، پھیلوں، سوکھوں جھڑ جاؤں بھی

دین و مذہب انساں اللہ موت حیات
تیرے سوا کچھ سوجھے تو بتلاؤں بھی

دنیا دنیا ہائے رے دنیا ری دنیا
تج دوں نظریں پھیروں رِیجھوں رجھاؤں بھی

ایک تبسم تیرا ، تیری ایک نگہ
جی اٹھوں جی اٹھوں مر مر جاؤں بھی

امید اپنے کو دُھنتی ہے سر پٹکتی ہے
تری کمی کہ کھٹکتی تھی سو کھٹکتی ہے

تم آؤ گے ، نہیں آؤ گے ، آؤ گے شاید
اندھیر بُن میں اسی ، صبح آدھمکتی ہے

جو یاد کرتا ہوں تم کو تو سو بھی جاتا ہوں
تمہاری یاد مجھے آج بھی تھپکتی ہے

ابھی تو شام ہی جھیلی ہے رات کی سوچو
ہمارے سر پہ جو تلوار سی لٹکتی ہے

کھنچی کھنچی رہا کرتی ہے نیند آنکھوں سے
مناؤں لاکھ مگر وہ کہاں سنکتی ہے

یوں یاد آتی ہے رہ رہ کے تیری اک اک بات
ٹھہر ٹھہر کے جوں بجلی کہیں کڑکتی ہے

کرن سی پھوٹی کوئی روشنی کہیں چمکی
جہاں جہاں سے ردا رات کی مسکتی ہے

خوشی سے شکوہ کریں کیا تمھاری لونڈی ہے
وہ بھولے بسرے بھی کب اس طرف پھٹکتی ہے

تیری ہی چاہ میں ہوں ہوں آیا پھر
تیری مرضی نہیں تو اچھا پھر

تو ہے جو کچھ مری بدولت ہے
میں نہ ہوتا اگر تو بتلا پھر

بات مشکل سے تھی گھڑی بھر کی
ہاتھ دھو بیٹھی ہم سے دنیا پھر

وہ وہی تھا مگر وہی کب تھا
آج ہم نے اسے جو دیکھا پھر

یاد نہ آئے تو نہیں کچھ بھی
یاد آئے تو آئے کیا کیا پھر

کام کا تیرے بس وہی ہے وہی
تیرا ہو کر جو ہو نہ اپنا پھر

پھر جھمیلے وہی وہی ہم تم
گھوم پھر کر وہی ہے دنیا پھر

تم آتے ہو تو آتا ہے
چین تمھارا دم چھلاّ ہے

ایک یہی تو عیب ہے اُس میں
سب کچھ ہی اچھا اچھا ہے

کیسے ٹکتا کہیں کوئی دم
اس کے پیروں میں پہیہ ہے

وہ اور پھیکا پھیکا ، جا جا
کچھ تیکھا کٹّھا میٹھا ہے

ایسی لذّت اسی میں ہے بس
ہم نے اُسے جب تب چکّھا ہے

اُس کے ہوتے اور کوئی ہو
سب کا بھٹّا بیٹھ چکا ہے

بھاڑ نہیں جھونکی ہے صاحب
عرصے تک پاپڑ بیلا ہے

وہ تھا تب نقشہ ہی جدا تھا
اب تو بس اللہ اللہ ہے

نام بدل دینا میرا پگلا نہ جائے تو
میری نظروں سے یہ دنیا اُس کو دیکھے تو

اُس میں کچھ تو ہے جو ہمیں دیوانہ کرتا ہے
ورنہ دیوانے تو نہیں ہیں ہم بھی ایسے تو

پلڑا تیرے حق میں یقیناً بھاری ٹھہرے گا
تیرے حسن کو میرے جنوں کو کوئی آنکے تو

تیرے سوا کچھ سوجھے بھی تو سوجھے گا کیسے
کوئی چڑھے تب ہی نا تُو نظروں سے اترے تو

اُتنا نہیں لیکن کچھ کچھ وہ اب بھی جھجکتا ہے
تھوڑا بہت جھجھکے تھے ہم بھی پہلے پہلے تو

جس کو دیکھو ہم پر اپنی لادا کرتا ہے
آخر ہم بھی دل رکھتے ہیں کوئی سمجھے تو

آنکھیں مٹکاتی ہیں فقرے کستی ہیں
خود میری تحریریں مجھ پر ہنستی ہیں

کچھ ٹیسیں ہی ڈھل پاتی ہیں لفظوں میں
ورنہ تو اندر ہی اندر ڈستی ہیں

ایک تبسم ہلکا سا مدھم سی ہوک
جاں میں دور تلک جب پھانسیں دھنستی ہیں

چُہلیں کرتی راتوں نے اکثر پوچھا
بے خوابی ارزاں یا نیندیں سستی ہیں

میں جو سنبھالے بیٹھا ہوں یہ ویرانے
دل ، آنکھیں ، سانسیں سب تیری بستی ہیں

اندھا دُھند ہو یا سوچی سمجھی بازی
چالیں اُلٹی پڑتیں گوٹیں پھنستی ہیں

خطا جو ہم سے ہوئی ہے بڑے بڑوں نے بھی کی
مصالحت تو سنا ہے پیمبروں نے بھی کی

صدا نہیں نہ سہی آنکھیں چہرا ہاتھ سہی
زبان جن کے نہ تھی گفتگو انھوں نے بھی کی

دل و دماغ میں جو پک رہا ہے سو تو تھا
زہے نجات مشقّت بڑی پروں نے بھی کی

زمانہ ہو نہ ہو قائل ہیں صدق دل سے ہم
کہ رہ نمائی ہماری کئی بڑوں نے بھی کی

نظر میں اپنی ہی ہم خود ہی ہو گئے مشکوک
ہماری مدح سرائی منافقوں نے بھی کی

یہ بستی اتنی بھی ایسی نہ تھی پہ سچ یہ ہے
سعی ہزار ہماری خباشتوں نے بھی کی

سرے سے نام ندارد ہمارا ہی اے حیات
کہ پرورش تو تری ہم سے سر پھروں نے بھی کی

مجھے نہ خود اپنائے، کسی کا ہونے بھی نہ دے
جبرا مارے ہی مارے اور رونے بھی نہ دے

خوابوں کے کھلیان اجڑے سوکھے آنکھوں کے کھیت
کال یہ نیندوں کا جھپکی بھر سونے بھی نہ دے

واری بلہاری جائے لے ڈوبے اور کبھی
بہتی گنگا میں ہاتھوں کو دھونے بھی نہ دے

امنڈے گرجے نوٹنکی دکھلائے چھٹ جائے
پیاس کو دہکائے ہونٹوں کو بھگونے بھی نہ دے

اس کی سنگت کا ہوکا ہڑکائے رکھتا ہے
بھول بھلیوں میں دنیا کی کھونے بھی نہ دے

یا اوجھل اوجھل سارا سب یا ظاہر تو یوں
آنکھیں چندھیائے منظر کو سمونے بھی نہ دے

یقیں بھروسا ہی لاگت ہے آس امیدوں کی
مفت کوئی جھوٹے وعدوں کے کھلونے بھی نہ دے

میں اور وہ پر جی نہ ہوا
یوں بھی ہوا کچھ بھی نہ ہوا

چھونا چھو کر رہ رہ جانا
آگ ہوئی پانی نہ ہوا

میں اس کا تو وہ میرا
کوئی ہوا کوئی نہ ہوا

پیار اسے بھی تھا تو سہی
جرم کیا عادی نہ ہوا

جانے کس مٹی کا تھا
ساتھ رہا ساتھی نہ ہوا

اڑتا اُس تک ہو آتا
ہائے میں پنچھی نہ ہوا

ہاں ہاں سچ ہے اس کے بعد
کچھ مجھ پر طاری نہ ہوا

پردے میں لفظوں کے ہے اب بھی کہاں ظاہری ہے
کیسے دکھلائیں اُس احساس کو جو بھیتری ہے

سچ ہی سچ ہو تو پچا پاتی کہاں ہے دنیا
اور کھل جائے اگر جھوٹ تو پھر کرکری ہے

ایک بھی اپنی چھپاتا نہیں بک دیتا ہوں
سب مری بڑ کو سمجھتے ہیں مری شاعری ہے

ہو لیا کرتا ہوں ہم راہ مٹر گشتی کو
جانتا ہوں کہ ہوا باوری ہے سر پھری ہے

دل کے بہلانے کو چل مان لیں اک دوجے کے ہیں
میں نرا تیرا مری جاں نہ مری تو نری ہے

اڑا بیٹھا رہا نہ مانا کسی قیمت پر
میں فری جس کے لیے ہوں مرا سب کچھ فری ہے

کسی کو خود ہی میں رکھّا نہ خود کسی میں رہے
رواروی تھی کچھ ایسی رواروی میں رہے

نہ اپنی جھولی میں شکوہ شکایتیں نہ غرور
ملنگ مست سدا اپنے آپ ہی میں رہے

تمھارے دم ہی سے اب تک ہمارے دم میں ہے دم
جیو جیو مری جاں ، جیتے جی جو جی میں رہے

میں کاٹ چھانٹ کے پگڈنڈی اک بنا لایا
وہ شاہ راہوں کے راہی بندھی ٹکی میں رہے

یہ زورِ زور بھلا کون زیر کر پائے
بدن ترنگ میں بد مست سرکشی میں رہے

وہ چکنی چپڑی کی کشتی میں تھا سو پار لگا
اسی کنارے پڑے ہم کھری کھری میں رہے

لگاؤں منہ کیوں اسے کیوں لگوں میں منہ اس کے
ہے جس کی جتنی بھی اوقات بس اسی میں رہے

ازار بند کو نیفے سے گر گزرنا ہے
تو نیفیا سے بندھے اس کی پیروی میں رہے

تمام ترکیب سارا نسخہ دھرا رہا

گھٹا رہا کچھ کہیں کہیں کچھ بڑھا رہا

ہے دھیان بھی اپنی ہی طرح کی عجیب شے

نہیں رہا تو نہیں رہا جب رہا رہا

پتا تھا آؤٹ ہوا نہ ہو پائے گا کبھی

پہ تیرے پیچھے میں ہاتھ دھو کر پڑا رہا

سبھی سے آنکھیں ملا ہی کے ہنسنا بولنا
مگر نگاہوں میں ایک ہی چوکھٹا رہا

خیال سے بھی مفاہمت مرحلہ رہی
رویہ لفظوں کا بھی کڑا مسئلہ رہا

میں اپنی دنیا میں کھو چکا ہوں تو پھر بتا
تجھے پڑی کیا ہے مجھ سے یوں کیوں سٹا رہا

دھیمے دھیمے، مدھم مدھم، چپ، گُم، کھٹ پٹ اور
سائیں سائیں سی راتیں سناٹا منہ پھٹ اور

کیا کہیے کیا جانے کب سے کس کی خاطر کیوں
سونی آنکھوں کی چوکھٹ وا پلکوں کے پٹ اور

ہونا ہوتا کچھ ہے ہوجایا کرتا ہے کچھ
ماتھے پر کچھا سی ہو گئی سِلوٹ سِلوٹ اور

سر پہ سوار رہا کرتا ہے ایک نہ اک خنّاس
روگ نئے پالا کرتا ہے الجھن جھنجٹ اور

زِچ دنیا سے ہوئے تو تالی پیٹی ٹھٹھول کیا
ہم بھی شوخ شریر بلا کے چلبلے نٹ کھٹ اور

پانا یاد نہیں پر کھویا جتنی بار ، ہے یاد
گنتے پینسٹھ چھیاسٹھ سرسٹھ اڑسٹھ انسٹھ اور

جب ہونی تھی تب نہ ہوئی اب تجھ بن سنگ ترے
ہلّڑ دھینگا مشتی ہاتھا پائی چت پٹ اور

جم کے پلائی جی بھر خود پی مستی لوٹی تمام
عمر کی بوتل میں اچھی خاصی ہے تلچھٹ اور

وداعِ شب ہے صبح آ رہی ہے
یہ کائنات کسمسا رہی ہے

ابھی ہے باقی دیکھنا بہت کچھ
نظر ہماری کُلبُلا رہی ہے

اے روشنی اے تیرگی بتا بھی
دِکھا رہی ہے کیا چھپا رہی ہے

ہے دل خراش چیخ زندگی اب
فلک شگاف قہقہہ رہی ہے

اے رنجگو اے رنجگو ، سنو بھی
کواڑ، نیند کھٹکھٹا رہی ہے

وہ روپ دھارتی ہے یا نہیں بھی
ہمارے جی میں جو سما رہی ہے

زنگ کیوں لگتا ہے اور جمتی ہے کب کائی نہ پوچھ
منہ چھپائے کس لیے پھرتی ہے تنہائی نہ پوچھ

آنکھیں دھرنے پر اُتارو ہوں تو نیندیں کیا کریں
جھپٹے سے پَو کے پھٹنے تک کی لمبائی نہ پوچھ

زندگی ہے زندگی سچ مچ یہی ہے زندگی
جی بھی للچاتا ہے کیوں آتی ہے اُبکائی نہ پوچھ

طنطنے سے ٹھیل کر اندھیارے کو ابھرا تو تھا
پھر اسی کے در پہ سورج کی جبیں سائی نہ پوچھ

میں اگر اُچکوں تو شاید ان کے ٹخنے چھو سکوں
باخدا اس بستی کے بونوں کی اونچائی نہ پوچھ

چاند، سورج، کہکشاں، شبنم، شفق، گل، بوئے گل
کیسے کیسے ہم نے کی ہے تیری بھرپائی نہ پوچھ

دوڑتی پھرتی تھیں نظریں تھک کے سو جاتی بھی تھیں
انگ انگ اس کا تھا کیسی کیسی انگنائی نہ پوچھ

پیچ عمامے کے کھلے لہجہ رویہ اور تھا
برسرِ منبر تھا کچھ منبر سے اترا اور تھا

دیکھ کر گاہک کو پڑیا باندھنا اچھا لگا
صبح کچھ تھا دوپہر کچھ شام فتویٰ اور تھا

عقل پردے میں عقیدت کے کہیں گم ہو گئی
اب کے لاسا پہلے سے کس دار گاڑھا اور تھا

جوتا بویا سینچا سب کا سب اکارت ہوگیا
بیج کچھ تھا پیڑ کچھ پھل کچھ تھا سایہ اور تھا

گروی سارے ہی تھے لیکن کچھ کہیں تو کچھ کہیں
کچھ کا قبلہ اور تھا تو کچھ کا کعبہ اور تھا

ایک وہ ہے آسماں پر دیکھتے ہیں سب جسے
اس زمیں پر بھی مگر اک چاند اترا اور تھا

اپنے متّھے اپنی ناکامی کو منڈھ لو چپ رہو
خواہشیں کچھ اور ہی تھیں پر نصیبا اور تھا

بس یہی اک ہنر مرا تُو ہے
جس کسی شے کو چھو لیا تُو ہے

ہو گیا تُو نظر پڑی جس پر
میری آنکھوں کا معجزہ تُو ہے

گونج ہو ہی گیا تو بالآخر
لب ملے جب کبھی صدا تُو ہے

مجھ سے نسبت نے گل کھلائے ہیں
سب کے سر پر چڑھ کے بولتا تُو ہے

خود کو کس منہ سے میں کہوں اب میں
مجھ میں مجھ سے کئی گنا تُو ہے

گم جہاں میں اگر ہے کچھ میں ہوں
ورنہ ہر شے کا اک پتا تُو ہے

میں ہو آیا یہاں وہاں سب ہی
اک تسلسل کا سلسلہ تُو ہے

کس کو گردانتی ہے یہ دنیا
یہ مرا دم ہے جو ٹکا تُو ہے

ہم یقیناً ہیں لازم و ملزوم
میں نہیں گر تو بول کیا تُو ہے

کیا اتنا بتلا سکتے ہو
مجھ کو مجھے لوٹا سکتے ہو

تم نے جہاں چھوڑا تھا وہیں ہوں
جب جی چاہے آ سکتے ہو

اب بھی کچھ بھی نہیں بگڑا ہے
بگڑی اب بھی بنا سکتے ہو

کبھی کہیں گر کھو جاؤ تو
مجھ میں خود کو پا سکتے ہو

لوگ مری قسمیں کھاتے ہیں
تم کیسے جھٹلا سکتے ہو

تم کو دیکھ پِگھل جاتا ہوں
چُٹکی میں پھسلا سکتے ہو

زمانہ میرے حق میں یک زباں ہے
دِوانہ میں ہوا ہوں تُو کہاں ہے

یہ سچ ہے میں اِدھر کچھ سرد سا ہوں
تو تُو بھی کون سا آتش فشاں ہے

تعلق نام کو ہم میں نہیں اب
مگر کچھ ہے جو اب بھی درمیاں ہے

میرا سورج وہ جاڑے کے دنوں میں
جو سورج آئے تو وہ سائباں ہے

تُو ہی تو چار دیواری ہے میری
تُو ہی تو اک مری جائے اماں ہے

وہ کیا سے کیا ہوا جاتا ہے دیکھو
جواں ہے اور جواں ہے اور جواں ہے

کوئی امید کیا ہو اس سے بولو
جو سیدھے منہ کبھی نہ بولے بولو

پرندوں کے پرے پھر لوٹ آئے
تو اس رت بھی نہیں آؤ گے بولو

وہی اک آس اب بھی ڈھو رہا ہوں
اگر میری جگہ تم ہوتے بولو

تھکن سے چور پلکیں ہو چلی ہیں
تو کیا اب بھیڑ لوں دروازے بولو

بیاباں دشت صحرا ہم سراپا
کہ تم گرجے بہت کب برسے بولو

کبھی سوچا بھی ہے کیا کچھ نہ ہو پھر
اگر چڑھ جاؤ میرے ہتھے بولو

غلط فہمی کہو تو دور کر دیں
بتائیں ہم ہیں کیسے کیسے بولو

بس نہ پوچھو سابقہ تھا اک عجب ہیجان سے
روبرو ہم دونوں تھے لیکن تھے اطمینان سے

اُف رے وہ صیقل بدن وہ آب اک اک انگ کی
تازہ تازہ کوئی شے اتری ہو گویا سان سے

چیز جو پکڑائی تو نے دام جو تو نے کہے
ہم نے ہر سودا خریدا تیری ہی دوکان سے

بات چشم و لب سے بڑھ کر جب بدن تک آ گئی
دونوں پھر باہر نکل ہی آئے جسم و جان سے

چتھڑے چتھڑے ، ملگجی ، سہمی ، سسکتی ، کانپتی
روشنی ٹکرا گئی ہے رات کی چٹان سے

اپنا مسلک عشق تھا اپنی چھنی ہر ایک سے
گاڈ سے ، اللہ سے ، بھگوان سے ، انسان سے

جو بھی تھا جتنا تھا سبھی ہارا
اب ترا ہوں میں سارے کا سارا

ہاں ترا ہوں ترا ہوں تیرا ہوں
لا ہتھیلی پہ رکھ دے انگارا

ٹس سے مس وہ ہوا نہ رتّی بھر
چوما ، پچکارا ، ڈانٹا ، پھٹکارا

آنکھ ، رخسار ، ہونٹ ، سینہ ، کمر
وہ بدن حسن کا ہے فوارا

تیرا جھنجھٹ ہی زندگی ہے مری
خودکشی ہوگی اس سے چھٹکارا

ایک بوسہ ہوا ندارد تھی
پھول کر غصے میں تھا غبّارا

لاکھ نہ چاہو قدم قدم ہوتا کچھ ایسا ہے
دنیا کی ماں بہن سے رشتہ جوڑنا پڑتا ہے

اس کی بابت ہم سے زیادہ بتلائے گا کون
اک عرصے تک ساتھ ہمارے بیٹھا اُٹھا ہے

جسم کی اپنی مجبوری ہے دونوں سمجھتے ہیں
پر جذبہ دونوں کا اب بھی ہٹّا کٹّا ہے

جو ہوں جہاں ہوں جیسا ہوں سب تیرے چلتے ہوں

تال پہ سورج کی جوں سایا ناچا کرتا ہے

کبھی کسی دن یوں بھی ہو اک دن چھٹی مل جائے

تجھ کو سوچا کرنا سالا روز کا لفڑا ہے

ہر کوئی اس دنیا سے لینے کے درپے ہے

کاٹ رہا ہے اسی کو جس ٹہنی پر بیٹھا ہے

سر نیوڑھائے منہ کی کھائے پڑا ہے کونے میں

دل کو سمجھایا تھا پر الّو کا پٹّھا ہے

سکوں سے جینا میسر ہوا نہ مرنا ہی
بھلانا سہل تھا تجھ کو نہ یاد کرنا ہی

میں کب تھاوہ، تری خاطر جو تو ہے میرے لیے
کہ تیرے جی کو تھا میری طرف سے بھرنا ہی

اب اپنے آپ کو ہم کیا کریں کہاں لے جائیں
جگائی آس تھی کیوں کہنا تھا اگر نا ہی

نہ جانے ڈھونڈتی پھرتی ہیں کیا دِوانہ وار
اب آنکھیں بھول گئیں ہیں کہیں ٹھہرنا ہی

ڈھنڈورا پیٹ لو بغلیں بجا لو موقع ہے
کہ اس چڑھے ہوئے دریا کو ہے اترنا ہی

بس ایک جرم کہ میں آئینہ دکھاتا رہا
تھا لازمی مرا ہر ایک کو اکھرنا ہی

ہم اپنی کہنے سے کب خود کو باز رکھ پائے
کہ چپ وجود سے خود اپنے ہے مکرنا ہی

اک پھانس بن کے سینے میں سب کے دھنسا ہوا
یہ مرتبہ وہ ہے جو مجھی کو عطا ہوا

ہے بات تب کہ جو ہوں میں کوئی نہ ہوسکے
مجھ سا کوئی ہوا تو میرا ہونا کیا ہوا

اپنوں کے ازدہام میں تنہا سا غیر سا
ہوں سب کے ساتھ ساتھ ہر اک سے کٹا ہوا

اب تک مرے سوا کوئی مجھ سا نہ مل سکا
بالفرض مل گیا بھی تو گویا خدا ہوا

پردے پڑے ہوں عقل پہ تو کوئی کیا کرے
جب کہ عیاں زمانے پہ میں بارہا ہوا

اک میں کہ میل ہی نہیں کھاتا کسی کے ساتھ
ریوڑ سے دور ڈھرّے سے یکسر ہٹا ہوا

سازش بڑی ہوئی میں کبھی میں نہ ہو سکوں
میں ایک ڈھیٹ آج تلک ہوں ڈٹا ہوا

جان اگر ہے تو پھر سانسیں ہوں گی ہی
تیرے ہونے پر تحریکیں ہوں گی ہی

دنیا بھر میں بانٹ دیا میں نے تجھ کو
اب جتنے منہ اتنی باتیں ہوں گی ہی

اک طولانی ڈور ہے تیرا میرا ساتھ
چھوٹی موٹی سی کچھ گرہیں ہوں گی ہی

اور اک میں جب مجھ میں سانسیں لیتا ہے
رڈوکد ہوگا تکراریں ہوں گی ہی

میں تو ، تو میں کا یہ چکّر ہے جب تک
چاہی ان چاہی دیواریں ہوں گی ہی

جینے کی خواہش ہے اور جیوں گا بھی
شرط ہے میری بھی کچھ شرطیں ہوں گی ہی

یوں ہی خالی ہاتھ تو میں ٹلنے سے رہا
لعنت صلواتیں پھٹکاریں ہوں گی ہی

ہر ایک مصرف میں لاؤں تجھ کو
میں اوڑھوں پہنوں بچھاؤں تجھ کو

تمام عالم میں تو ہی گونجے
یوں بھر کے سینے میں گاؤں تجھ کو

تو آپ اپنے میں ہے مکمل
میں کیا گھٹاؤں بڑھاؤں تجھ کو

زمانے کو مالا مال کر دوں
یوں دونوں ہاتھوں لٹاؤں تجھ کو

یہ جھپکی چونک اُٹھنا سونا جگنا
میں رات بھر کھوؤں پاؤں تجھ کو

یہاں وہاں بھی اِدھر اُدھر بھی
جہاں تہاں سب سجاؤں تجھ کو

تو مجھ میں مجھ سے بھی کچھ سوا ہو
میں خود میں اتنا گھلاؤں تجھ کو

کیا چپ اور کیسی گویائی
سب اس کے چلتے ہے بھائی

سوکھے باڑھ سبھی کچھ اس کے
وہ دریا ہے میں ہوں ترائی

اتھل پتھل کر رکھ دیتی ہے
تیرے تصور کی انگڑائی

تجھ کو چھونے کی کوشش میں
ہانپی کانپی خیال آرائی

تنہائی میں ہمدم میری
تنہائی تنہا تنہائی

آنکھ ذرا سی لگنے کو تھی
رات نے کھٹ سے تیوری چڑھائی

آنکھوں میں جب تجھ کو پایا
کھو بیٹھیں اپنی بینائی

تیرے بعد کواڑ نہ کھولے
سب نے بڑی کنڈی کھٹکائی

آرزو تھا کبھی ہوس اب ہے
جز ترے سارا خاروخس اب ہے

ہے للک اور اور اور مجھے
اور اسے اور پیش و پس اب ہے

اب جو نظریں پڑیں نہ اٹھ پائیں
کچھ سوا اور اس میں کس اب ہے

نہ چھٹکنا نہ چوکڑی بھرنا
کیسا ہوتا تھا کتنا ٹھٹھس اب ہے

آؤ آجاؤ اب بھی آجاؤ
بانہہ شل ہونے ہی کو بس اب ہے

وقت نے چولیں ڈھیلی کردیں تمام
بل وہ پہلا سا اور نہ کس اب ہے

پرے دنیا سے اس کے چلتے میں مجھ سے پرے دنیا
وہ دنیا کے لیے اک فرد ہے میرے لیے دنیا

کوئی پاگل ہی ہوگا ہلکے اونے پونے بک جائے
اُدھر کُل حاصل دنیا اِدھر یہ دو ٹکے دنیا

جو آنکھیں پھیر لیں ہم نے تو آنکھیں پھیر لیں ہم نے
ہزار اب ناک رگڑے لاکھ ہی پاؤں پڑے دنیا

یہ غازہ ہلدی مہندی مسّی سرمہ ٹھاٹ یہ ٹھسّا
چل اب ہو بھی چکے ہونے تھے جتنے چونچلے دنیا

کسے خاطر میں لائی اپنے آگے کس کو سیٹھا ہے
پکارو چینخو چلاّؤ ارے دنیا ارے دنیا

بڑی ہی خامیاں ہیں خرد بُرد اور دھاندلی گھپلے
یہی جی چاہتا ہے اک سرے سے پھر بسے دنیا

تماشا دور بیٹھے دیکھا کیجے چھینا جھپٹی کا
لپک لیں ہم بھی کچھ لیکن جو دنیا سے بچے دنیا

کبھی تنہا بھی رہنے دے کہیں تنہا بھی رہنے دے
خدا کے واسطے دنیا خدا کے واسطے دنیا

کیا نہ تھا میرا اور تھا کیا کیا وہ
کوئی پھر ہوسکا نہ جو تھا وہ

کچھ کہیں رہ گیا ہے تو کہیں کچھ
وہ ملا پر ملا نہ پورا وہ

تم وہی ہو، نہیں ذرا بھی نہیں
میں وہی ہوں وہی تمھارا وہ

جب حوالے کئی دیے میں نے
اس نے کچھ سوچا بولا اچھا 'وہٗ

تج دوں کس جی سے اس کو میں تج دوں
میرا سب کچھ مرا اثاثہ وہ

ہائے تنہائی ہائے تنہائی
کاش اے کاش آج ہوتا وہ

وہ برا ہے برا بہت ہی برا
اچھے اچھوں سے اچّھا اچھا وہ

خود کو اب خود سے ہم بری کریں
آ تجھے اپنی زندگی کریں

بھولے بسرے دنوں کو یاد کریں
حرکتیں کچھ گھسی پٹی کریں

سب کے سب کو جنون ہے دنیا
رنگ کی اپنے ڈھنگ سی کریں

رات پہنچی کگار پر دن کے
نیند اور آنکھیں دوستی کریں

ختم ہوتی ہوئی کہانی ہے
پوری حسرت بچی کچھی کریں

ایسے ہونے سے وہ رہا قائل
ضد ذرا اور کچھ کڑی کریں

آج کردیں تمام قصہ پاک
آج باتیں نپی تلی کریں

ٹھہرے پانی پہ جمی برسوں کی سی کائی ہے
بھیڑ سی بھیڑ ہے، تنہائی سی تنہائی ہے

مدتوں بعد گھرا ٹوٹ کے برسا مجھ پر
جاں پہ بن آئی تھی، اب جان میں جان آئی ہے

موج در موج سمندر ہے بڑی موج میں آج
رنگ ساحل کا اُڑا جاتا ہے ، پسپائی ہے

سب بکاؤ ہیں خریدار بھی ہیں سب کے سب
آپ سودا ہے کہیں، جو کہیں سودائی ہے

جی تو میرا ہی ہے پر بس میں کہاں ہے میرے
کھیلتا کُھلتا وہیں ہے جہاں گیرائی ہے

ایسی ناقدری سے نہ تول یوں اونے پونے
منفرد، نادر و نایاب ہے، یکتائی ہے

ہمارے بعد بھی رودادِ دل بیاں ہوگی
زباں تو ہوگی پر ایسی زباں کہاں ہوگی

جو بات وہم و گماں سے پرے ہے دنیا کے
ہے دیر چھونے کی میرے رواں دواں ہوگی

کہی سنی ہی تو سب سوچ سوچ کہتے ہیں
جو ان کہی کبھی ہوگی تو ناگہاں ہو گی

بٹورے بیٹھا ہوں دنیا کو اور جانتا ہوں
ہے کتنی کام کی اور کتنی رائیگاں ہوگی

ہمارے کان میں دھیرے سے تجربے نے کہا
جو ہے قریبِ رگِ جاں ، وبالِ جاں ہوگی

پتا تھا خوب کہ یادیں حساب مانگیں گی
ہر ایک یاد تری میرا امتحاں ہوگی

ہیولے بننے بگڑنے لگے فضاؤں میں
بس اب ذرا میں یہ دنیا دھواں دھواں ہوگی

آخری بات

"پَر کُھلے تو"، شمیم عباس کا دوسرا شعری مجموعہ ہے۔ اس سے پہلے ۲۰۰۵ء میں اُن کا پہلا مجموعہ "اچھی سی کوئی بات" شائع ہو چکا ہے۔ اُس مجموعے نے اشاعت کے ساتھ ہی نہ صرف اردو شاعری کے قاری کو چونکایا بلکہ اپنے نئے لہجے اور لفظوں کی نئی بندشوں سے لوگوں کو اپنی طرف متوجہ بھی کیا اور ادبی حلقے میں خاطرخواہ شناخت بھی بنائی۔ "پَر کُھلے تو" آٹھ سال بعد شائع ہو رہا ہے اس میں اُن کے تخلیقی سفر میں ارتقا کا بخوبی اندازہ لگایا جا سکتا ہے۔ زبان پر اردو محاوروں کے علاوہ یو پی روزمرہ میں رائج محاوروں کے علاوہ بعض جگہوں پر بمبیا محاورے بھی ان کے یہاں جگہ پاتے ہیں اس کی وجہ یہ ہے کہ اُن کی پیدائش تو اردولی کے قریب "بڑا گانو"، ضلع فیض آباد کی ہے لیکن پرورش اور ذہنی تربیت بمبیا ماحول میں ہوئی۔ چوں کہ گھر میں مرثیہ، سلام اور نوحوں کی محفلوں کا ماحول بچپن سے ہی دیکھتے اور سنتے رہے اس لیے اس زبان پر اس کا اثر ہونا لازمی تھا، اس کا اندازہ بھی ان کی شاعری میں بجا طور پر ہوتا ہے اور ان کے شعری رویے میں ایک الگ اسلوب کی نشاندہی بھی کرتا ہے۔

ہمارے لیے یہ واقعی خوشی کی بات ہے کہ اُن کے دونوں شعری مجموعے قلم پبلی کیشنز سے شائع ہوئے۔ امید ہے اُن کا یہ مجموعہ بھی قارئین میں پسندیدگی کی نگاہ سے دیکھا جائے گا اور لوگ اسے ہاتھوں ہاتھ لیں گے۔

الیاس شوقی